내 마음에 작은 미술관이 생겼다

내 마음에 작은 미술관이 생겼다
벼랑 끝, 그림이 내게 건넨 다정한 위로

초 판 1쇄 2025년 06월 25일

지은이 장진숙
펴낸이 류종렬

펴낸곳 미다스북스
본부장 임종익
편집장 이다경, 김가영
디자인 윤가희, 임인영
책임진행 이예나, 김요섭, 안채원, 김은진, 이예준

등록 2001년 3월 21일 제2001-000040호
주소 서울시 마포구 양화로 133 서교타워 711호
전화 02) 322-7802~3
팩스 02) 6007-1845
블로그 http://blog.naver.com/midasbooks
전자주소 midasbooks@hanmail.net
페이스북 https://www.facebook.com/midasbooks425
인스타그램 https://www.instagram.com/midasbooks

ⓒ 장진숙, 미다스북스 2025, *Printed in Korea*.

ISBN 979-11-7355-288-5 03810

값 18,500원

※ 파본은 구입하신 서점에서 교환해드립니다.
※ 이 책에 실린 모든 콘텐츠는 미다스북스가 저작권자와의 계약에 따라 발행한 것이므로 인용하시거나
   참고하실 경우 반드시 본사의 허락을 받으셔야 합니다.

마다석북스는 다음세대에게 필요한 지혜와 교양을 생각합니다.

내 마음에 작은 미술관이 생겼다

장진숙 지음

벼랑 끝, 그림이 내게 건넨 다정한 위로

미다스북스

추천사

한 사람의 마음 안에 작은 미술관이 생겼다는 고백은, 내게 가장 따뜻한 회신이었다. 절실히 살아내고자 하는 마음으로 채워진 그 내면의 미술관은 단단하다. 강렬한 응원과 깊은 내공이 담긴 에너지들이 그 안에서 치유와 회복을 이뤄내며 조용히 자리를 잡는다.

그림이 매일 같이 명상하는 동료가 되어준다는 말보다 더 기쁜 일은 없다. 〈내면의 힘〉, 〈생각은 파동이다〉, 〈에너지 박물관〉 이 작품들은 나의 비밀 노트 속에서 태어났다. 나는 그 노트를 샘솟는 아이디어들로 가득 채워둔다.

귀로 듣고, 눈으로 보고, 손끝으로 느낀 것들, 그 모든 감각은 몽상과 만나 시너지를 일으키고, 다시 캔버스 위에서 살아난다. 진숙 님은 마치 내 작품 〈하이브리드〉처럼 나의 비밀 노트를 함께 채워가는 사람이다. 나에게 특별한 인연이고, 함께 걷는 예술 친구이다.

　나는 그림을 '그리는' 사람이기보다, '만드는' 사람이다. 납작한 평면 위에 바르는 것이 아니라, 몽글몽글 살아 있는 생명력을 입히는 마음으로 작업한다. 그 안에 힘이 담기고, 에너지가 흐르며, 결국 그것이 뿜어내는 아우라는 내가 생각했던 것보다 훨씬 강렬하다.

　그림 앞에 멈춰 선 누군가가 자신의 상처 난 시간을 회복했다고 말할 때, 나는 다시 깨닫는다. 마주 앉아준 눈과 마음이 있어야 비로소 예술은 살아난다는 것을. 그녀와의 인연을 이어준 호랑이, 미스터 끈기 씨, 노란 달항아리와 황금빛 부엉이까지 모두가 함께 진숙 님만의 미술관을 열렬히 응원한다.

　나는 바란다. 예술과 삶이 함께 숨 쉬는 내면의 미술관이 더 많이 생겨나길, 이 책을 읽는 많은 사람의 마음 안에 열리길.

수레아
SURREA
예술가

들
어
가
는
글

해변에서 쓰레기 대신 조개껍데기를 발견하다

 '그림은 이 세상 누구보다 멋진 친구였다.' 번아웃증후군이 내 일상을 지배했던 3년 전, 이 문장은 내 영혼을 정확히 묘사했다. 누구나 인생의 어두운 터널을 지나지만, 그 순간 무엇을 바라보느냐에 따라 삶의 풍경이 달라진다.

 어느 유튜브에서 들은 이야기가 내 마음에 깊이 새겨졌다. 광안리 해수욕장을 찾은 한 유튜버는 버려진 쓰레기만 보며 불평했다. 그런데 같은 해변에서 어떤 이들은 아름다운 조개껍데기를 주우며 행복하게 웃고 있었다. 쓰레기 대신 조개껍데기를 찾기 시작하자 눈에 조개껍데기만 보였다고 했다. 우리가 찾고자 하는 것을 찾으면, 세상은 그것으로 가득 차 보인다는 단순한 진리가 내 삶을 변화시켰다.

번아웃증후군으로 고통받던 시간 동안 나는 불평과 원망만 가득했다. 마치 해변에서 쓰레기만 찾던 유튜버처럼, 삶의 부정적인 면만 보고 있었다. 하지만 그림을 만나면서 내 눈에도 서서히 아름다운 조개껍데기가 보이기 시작했다.

이 책은 다섯 장으로 구성되어 있다

1장에서는 앞만 보고 달리다 번아웃증후군에 걸린 이야기를 담았다. 2장에서는 그림 덕분에 멈춤의 가치를 깨달은 순간을 기록했다. 3장에서는 그림을 통해 치유를 찾아가는 여정을, 4장에서는 미술관에서 발견한 현재의 행복을 그려냈다. 마지막 5장에서는 그림과 함께 단단해진 나의 이야기를 선한다.

코로나19가 가져온 깊은 모순 속에서 나는 무너졌다

코로나19 재택 치료 업무를 맡으며 깊은 딜레마에 빠졌다. 내가 열심히 하는 일이 누군가에게는 고통이 될 수 있다는 사실 앞에서 모든 것이 무너져 내렸다. 사회 전체가 공포와 낙인 속에 숨 쉬던 그 시절 매일 야근을 거듭했다. 업무는 산처럼 쌓여갔고, 사람들은 서로를 경계했다.

한 동료의 갑작스러운 죽음을 접하며 멈춰 서지 않을 수 없었다. '내가 이 죽음에 영향을 준 건 아닐까?' 자책과 무력감이 나를 옭아맸다. 매일 아침이 두려웠고, 일도 삶도 지옥 같았다.

우연히 찾은 갤러리에서 운명적인 만남이 시작되었다.

처음에는 단순한 호기심에서 그림을 구매했다. 갤러리의 고요한 분위기와 다양한 작품들 사이에서 내 마음은 조금씩 풀어지기 시작했다. 그때 한 그림이 내 시선을 사로잡았다. 〈정지의 시작〉이라는 제목의 그림이었다. 그 작품은 마치 나에게 직접 말을 건네는 듯했다. "괜찮아, 멈춰도 돼!" 그 순간 나도 모르게 눈물이 흘렀다. 그 그림 앞에서 처음으로 나 자신을 진정으로 위로할 수 있었다.

수레아 작가의 〈내면의 힘〉 작품의 긍정에너지가 파동이 되어 나에게 닿았다. 그렇게 나의 치유는 시작됐다. 다시 일어날 용기를 얻었다.

내 마음에 작은 미술관이 생겼다

➡ **그림을 찾아다니며 어느새 내 안에 특별한 미술관이 생겼다.**

그림은 내 이야기를 인내심 있게 들어주었다. 내가 놓쳤던 오늘의 작은 행복을 일깨워 주었다. 따스한 햇살, 이슬 맺힌 나뭇잎, 물 위를 평화롭게 떠다니는 청둥오리까지. 그림은 나를 현재의 순간으로 이끌었다. 마치 나를 온전히 이해해 주는 친구처럼, 말없이 나를 품어주고 힘들 때마다 곁에 있어 주었다.

➡ **어릴 적부터 목표를 세우고 쉼 없이 달려온 나에게 그림은 다른 길을 보여주었다.**

직장에서는 '멈추지 말고 앞으로 나아가라.'가 내 신조였다. 하지만 그림은 때로는 멈춰야만 보이는 풍경들이 있다는 것을 가르쳐 주었다. 그림 앞에서 질문하기 시작했다. "나는 정말 무엇을 위해 달리고 있지? 지금, 이 순간을 온전히 느끼고 있나?" 그림을 통해 자신과 대화하는 법을 배웠다.

➡ **여러 그림을 감상하며 경험한 깨달음이 내 삶을 변화시켰다.**

그림은 단순히 감상하는 대상이 아니라 내면의 깊은 대화를 나누는 창구가 되었다. 그림을 통해 내 삶의 방향을 새롭게 설정할 수 있었다. 바쁘게만 살아가던 나는 이제 오늘을 소중히 여기게 되었다. 그림은 나를 현재로 데려왔고, 지금, 이 순간의 가치를 일깨워 주었다.

➡ **번아웃증후군을 극복하고 내 안에 작은 미술관이 생길 수 있게 도와준 모든 분께 감사드린다.**

내가 만났던 작가님, 갤러리 대표님, 컬렉터님께 깊은 감사를 드린다. 특히 〈그래도 지구는 돈다!〉라는 제목처럼 오늘을 살아가기 위해 노력하고 긍정에너지를 모으고 있는 나의 모습을 형상화한 그림을 표지로 사용하게 해주신 수레아 작가님께 다시 감사드린다. 이제 나는 그림과 함께 오늘을 살아간다.

이 책을 통해 진솔한 이야기를 전하고 싶다

번아웃증후군으로 고통받는 누군가에게 이 글이 작은 위로가 되길 바란다. 멈춤이 결코 실패나 낙오가 아니라는 것을, 오늘의 행복을 찾는 삶이 가능하다는 것을 함께 나누고 싶다. 그림이 나에게 그랬던 것처럼, 이 글이 누군가에게 아름다운 조개껍데기를 발견하는 계기가 되기를 진심으로 소망한다.

마지막으로, 나는 다시 일어섰다

그림이 내게 준 용기로 나의 일상에서 소소한 기쁨을 발견하는 법을 배웠다. 내가 선택한 삶을 더 의미 있게 살아가기 위해 오늘도 그림과 함께 걸어간다. 이제 멈추는 것을 두려워하지 않는다. 나를 위로해 준 그림처럼 나 또한 누군가의 쉼표가 되고 싶다.

그림은 내게 속삭인다.

"멈춰도 괜찮아. 지금, 이 순간 너는 정말 아름다워."

차 례

추천사 004
들어가는 글 006

제1장
**인생에
브레이크는
없었다**
✺
✲
✺

1. 세상을 이롭게, 나의 소명   017
2. 브레이크 없는 질주, 멈추지 못했던 날들   021
3. 코로나 블루, 일상을 덮친 그림자   026
4. 다시 코로나 블루, 끝나지 않는 악몽   031
5. 번아웃증후군, 영혼이 닳아버린 날들   036
6. 무너지는 자존감, 벼랑 끝으로 내몰리다   041
7. 고립된 무인도, 홀로 남겨진 절망   046

제2장
11년 차 공무원, 멈춤을 선택하다

❄
❅
❄

1. 벼랑 끝, 운명처럼 다가온 그림   053
2. 정지, 나를 위한 용기 있는 선택   057
3. 46일간의 병가가 준 뜻밖의 선물   062
4. 혼자가 아니었다: 따뜻한 응원의 손길들   067
5. 현재는 내가 선택한 삶   072
6. 해돋이 명상 나와 마주한 시간   077
7. 한라산을 천천히 오르며 찾은 나   081
8. 관음사에서 찾은 나무의 위로   086
9. 나를 돌보며 다시 피어나는 에너지   090

제3장
그림은 말없이 나를 안아 주었다

❄
❅
❄

1. 노란 화폭에서 발견한 나의 자화상   097
2. 간절함이 불러온 운명적 만남   101
3. 그림을 찾아 떠난 여행: 제주에서 다시 제주로   105
4. 생각은 파동이다! 그림의 치유 에너지   110
5. 달항아리 속에서 찾은 내면의 고요   115
6. 그림 속 고요, 마음의 평안을 얻다   119
7. 문법과 마법에서 발견한 연결의 힘   124
8. 그림, 어둠 속 한 줄기의 빛이 되다   129
9. 도록 속에서 찾은 나만의 퀘렌시아   134

제4장

위로가 필요할 때 미술관에 간다

1. 본태박물관, 노란 호박에서 배운 행복한 선택 141
2. 제주도립김창열미술관, 물방울의 온기 146
3. 국립중앙박물관 사유의 방, 침묵이 주는 깊은 울림 151
4. 수원시립미술관, 조각이 건네는 희망 156
5. 인터넷 미술관, 클릭 한 번으로 떠나는 여행 162
6. 그림, 내가 틀릴 수도 있다 167
7. 직소 퍼즐, 내가 완성한 명화 172
8. 비엔날레, 동시대 예술이 건네는 뜻밖의 위로 178

제5장

내면의 힘을 얻다

1. 너는 내 운명: 그림과의 특별한 만남 185
2. 화가를 만나다, 예술가의 열정과 영감 190
3. 명상하는 사람들이 있는 곳 보물섬 195
4. 미스터 끈기 씨와 내 안의 끈기 키우기 200
5. 귀인이 보낸 그림, 일상을 바꾼 작은 전시회 205
6. 일상의 기록, 내게 보내는 위로의 메시지 210
7. 이겨낼 힘, 작은 위로에서 시작된 기적 215

마치는 글 220

제1장

인생에
브레이크는 없었다

1. 세상을 이롭게, 나의 소명

미술관에서 발견한 사유

멀리 있는 꿈을 좇다 보면, 지금 내 곁의 소중함을 놓치기 쉽다. 꿈은 하루아침에 이루어지지 않는다. 오늘 하는 일이 마음에 들지 않아도 그것이 꿈과 닮은 길이라면 최선을 다해야 한다.

"삶을 100만 원으로 본다면, 어디에 쓰시겠어요?"

고등학교 종교 수업 시간, 선생님의 물음에 학생 세 명이 망설임 없이 답했다. "종교에 100만 원 전부를 쓸게요." 점수를 나누며 고민하던 나는 그들의 대답에 숨이 막혔다. 1가지에 모든 것을 거는 결심. 그 진심 어린 확신이 마음을 세차게 울렸다.

나는 혼자 사유하는 것을 좋아하는 아이였다. 글씨를 쓸 때도 손가락에 힘을 꽉 줬다. 노트 반 장 정도 쓰면 연필을 쥔 손가락이 얼얼해지고,

중지에는 연필 자국이 움푹 팬 채 남곤 했다. 이런 경험이 쌓이면서 깨달았다. '세상은 참 버겁고 힘든 곳이구나!'

그러던 어느 날, '세상을 이롭게 하고 싶다.'라는 바람이 생겼다. 세상의 누군가가 조금 더 나은 삶을 살기 바라는 마음. 아프리카에서 봉사하는 오드리 헵번과 김혜자 배우의 다큐멘터리는 내게 그 마음을 '소명'이라고 이름 붙여 주었다. 꿈이 선명해졌다.

하지만 방법이 문제였다. '간호사가 되면 도움이 되지 않을까?' 주변 권유로 선택한 길이었다. 처음엔 병원도, 간호사라는 직업도 생경하고 흥미로웠다. 내가 해야 할 일이 분명한 것도 좋았다. 이 길이 내 천직이라 믿기도 했다. 그러나 내과 중환자실 근무 중 저혈당으로 바닥에 쓰러진 날 이후 생각이 바뀌었다. 병원 출근이 두려워졌다. 환자와 마주하는 일과 쉴 틈 없이 이어지는 업무는 내게 감당하기 힘든 무게였다.

여러 곳을 거쳐 결국 간호직 공무원이 됐다. 이것이 소명과 가까워지기 위한 신의 뜻이었을지도 모른다.

저소득층 아동복지 업무를 맡았을 때 다양한 아이들을 만났다. 한글을 모르는 초등학교 4학년, 시계를 못 보는 아이, 양육자 없이 방치된 아이들. 내 주변과 이곳의 시계는 다르게 돌아가고 있었다. 아프리카를 기다릴 필요가 없었다. 이곳에서 맡은 일에 최선을 다하는 것이 소명을 실천하는 길이었다.

밤 10시가 넘어서야 퇴근하는 날이 많았다. 보안 점검표를 마지막으로 작성하고 사무실 문을 닫았다. 아이들을 위해 내가 할 수 있는 일은 '관행을 바꾸는 것'이었다.

아동복지교사 지원 사업을 담당하면서 일부 교사들이 설거지와 청소를 돕는 현실을 알게 됐다. 나는 그들에게 분명하게 말했다. "그건 선생님 일이 아니에요." 교사들이 온전히 아이들에게 집중할 수 있도록 돕고 싶었다.

한 지역아동센터 점검 날, 센터장은 불만스러운 표정으로 나를 맞았다. "원칙만 고집하면 현장은 안 돌아가요." 팽팽한 긴장감 속에서 나는 말했다. "설거지, 청소에 시간을 쓰면 수업 준비는 언제 하죠?" 아이들을 위한다면 원칙을 지켜야 한다고.

초기에는 반발이 심했다. 원칙을 강조하면 교사들이 더 힘들어진다는 우려도 있었다. 하지만 시간이 지나자, 교사들의 반응이 달라졌다.

"주사님, 원칙을 세워줘서 고마워요. 수업 준비에 집중할 수 있는 시간이 늘었어요."

몇 년 후, 도청에 발령받아 근무하던 날 사무실로 화분이 배달됐다. 리본에는 '당신의 수고에 감사합니다!'와 '아동복지교사 일동'이라는 문장이 쓰여 있었다. 화분에서 시선을 뗄 수 없었다. 손끝이 리본을 스치자, 눈물이 고였다.

"그땐 귀찮고 번거롭다고 불평했는데… 지금은 주사님이 만든 시스템 덕분에 담당자가 바뀌어도 일이 잘 돌아가요." 교사 30명을 뽑기 위해 새벽까지 130명의 서류를 검토했던 날들이 주마등처럼 떠올랐다.

아프리카라는 먼 곳만 바라보던 내게, 아동복지 현장은 가까운 곳에서도 세상을 바꿀 수 있다는 진실을 가르쳐주었다. 우리가 찾는 소명은 거창하거나 멀리 있는 것이 아니다. 어쩌면 지금 내가 서 있는 바로 그 자리에서 이미 시작되고 있는지도 모른다.

멀리 있는 꿈을 좇다 보면, 지금 내 곁의 소중함을 놓치기 쉽다. 꿈은 하루아침에 이루어지지 않는다. 오늘 하는 일이 마음에 들지 않아도 그것이 꿈과 닮은 길이라면 최선을 다해야 한다.

2. 브레이크 없는 질주, 멈추지 못했던 날들

> **미술관에서 발견한 사유**
>
> 지금 이곳이 인생의 정답은 아니다. 가까이 있는 존재의 소중함을 알아야 한다. 때로는 자신의 가치를 인정받지 못하는 환경에서 벗어나 새롭게 시작할 용기가 필요하다.

지금 이곳이 인생의 정답은 아니다. 가까이 있는 존재의 소중함을 알아야 한다. 때로는 자신의 가치를 인정받지 못하는 환경에서 벗어나 새롭게 시작할 용기가 필요하다.

아침 8시에 출근해 밤 10시가 넘어서야 퇴근하는 일상이 반복됐다. 아동복지 업무를 맡았을 때 이야기다. 힘들었지만 아이들의 성장을 돕는 일은 보람차고 즐거웠다. 나의 맑고 경쾌한 '솔톤'의 목소리와 자주 짓는 웃음은 짧은 휴식 시간에 활력을 더했다. 티타임에서 과장이 자주 "고맙다."라고 말하던 이유도 내가 불평 없이 일했기 때문일 것이다. 나는 그저 맡은 일을 묵묵히 했다.

그러나 다음 부서는 달랐다. 직원들은 과장의 기분을 살피기에 바빴다. 과장의 기분에 따라 사무실 온도와 말소리 크기가 달라졌다. '출근할 때 과장님께 인사를 해야 할까?'가 직원들의 고민거리였다. 과장이 없을 때만 웃음소리가 났다. 전 부서에서 밝은 에너지로 통했던 내 목소리는 여기서는 눈치 없는 소음이 되었다.

보건소에서는 4년마다 보건 관련 중장기계획을 수립한다. 보통 경력자가 담당하지만, 입사 4년 차인 내가 맡게 됐다. 보건소장은 '다른 시군보다 앞선 보건사업을 해보자!'라는 의지가 있었다. 전문기관에 연구용역을 주고 계획을 세우기로 했다. 담당자인 내가 위탁기관과 보건소 직원 사이에서 자료를 전달하며 조율해야 했다.

아직 방향이 확정되지 않았던 어느 날, 기관 직원과의 통화에서 "아직 논의 중이지만…"이라며 현재 논의된 내용을 조심스레 전달했다. 정확한 방향이 정해지면 알려주기로 하고 전화를 끊었다. 그때였다. 내 자리에서 몇 걸음 떨어진 곳에서 과장의 고함이 사무실을 가득 메웠다.

"장진숙 주무관, 왜 정해지지도 않은 걸 이야기해요?"

심장이 철렁 내려앉았다. 과장이 내 전화를 엿들었다는 사실보다 그 호통에 더 놀랐다. 가슴 위에 조용히 손을 얹고, 감정을 다잡았다. 심장 뛰는 것이 조금 잦아들자, 과장에게 가서 상황을 설명했다. 그녀는 내 말을 듣지 않았다.

그 뒤로 나는 사무실에서 말수가 줄었다. 나중에 동료가 내게 조용히 말했다. "진숙 씨는 목소리가 크고 또렷해서 멀리서도 들려. 과장님이 직원들 대화 엿들어요."

얼마 후, 시에서 치매예방관리사업의 일본 벤치마킹이 추진됐다. 가야 할 인원은 네 명. 지역보건의료계획 담당자를 포함하자는 의견이 나왔지만, 과장은 반대했다. 한두 달 뒤 도에서 지역보건의료계획 일본 벤치마킹 대상자 추천 공문이 내려왔다. 시군 담당과장, 담당 팀장 혹은 담당자가 대상이었다. '용역을 줬으니, 업체가 알아서 해주겠지.'라는 직원들의 말에 압박감을 느끼던 중이었다. 누구에게 도움을 요청할지 몰라 답답했는데 이 공문에 안심이 됐다. 벤치마킹에 가서 정보를 얻고 편하게 물어볼 수 있는 대상이 생긴다는 것이 기뻤다.

보건소장 회의를 마친 과장이 종이를 구겨서 쥐고 씩씩거리며 자기 책상으로 갔다. 사무실 전체를 울리는 목소리가 들렸다.

"어떻게 감히 주무관이 벤치마킹을 가겠다고 먼저 말할 수가 있어!"

며칠 동안 사무실은 살얼음판 같았다. 나는 꿋꿋이 업무를 했다. 울면지는 것 같이 울고 싶지 않았다. 동료들이 속삭였다.

"소장도 장 주무관을 보내라고 했고, 담당자가 가는 것인데 과장이 왜 그렇게 반대하는지 이해를 못 하겠어.", "왜 그렇게 장 주무관을 싫어하는지 몰라!"

결국 나는 일본에 다녀왔다. 성실히 자료를 모으고 결과보고서를 썼다. 과장은 그 보고서를 치매예방관리사업을 담당한 팀장과 담당자에게 건네며 읽어보라고 했다. 나는 이때 알게 됐다. 여기서는 아무리 열심히 해도 인정받지 못할 것이라는 걸.

이곳을 떠나야겠다고 결심했다. 지인이 도청 전입 시험을 알려줬다. 도청은 일이 많아 사무실에서 저녁을 먹는 삶을 산다고 했다. 하지만 함께 고생하는 사람들이 있다면 그 시간도 덜 억울할 것 같았다.

전입이 확정되자 보건소는 내 후임을 찾지 못해 우왕좌왕했다. 복직 예정인 직원들에게 연락했지만, 복귀하겠다는 직원은 없었다. 과장도 난감해했다. "전입 안 가면 안 돼요?"라고 물었지만 나는 씩 웃기만 했다. 그제야 알았다. 내가 그들에게 필요한 존재였다는 걸.

  이 경험으로 주위 사람의 소중함을 깨달았다. 사람은 가까이 있을 때 그 소중함을 모르기 쉽다. 함께 일하는 동료들과 즐겁게 일하기 위해 어떻게 해야 할지 고민할 수 있었다. 때로는 자신의 가치를 인정받지 못하는 환경에서 벗어나 새로 시작할 용기가 필요하다. 그 용기가 더 나은 곳으로 이끌어 줄 수 있다.

3. 코로나 블루, 일상을 덮친 그림자

> **미술관에서 발견한 사유**
>
> 열심히는 무턱대고 '그냥' 하는 것이 아니다. 건강도 챙기면서 열정을 가지고 일하는 것이다. 우리는 서로에게 영향을 준다. 한 곳이 무너지면 다른 곳 역시 무너지기 마련이다.

"우리 열심히 해요. 힘내요!"

공허한 말이 울리던 시기, 나는 '열심히'라는 말의 진짜 의미를 모른 채 달리고 있었다. 열심히는 무턱대고 '그냥' 하는 것이 아니다. 건강도 챙기면서, 열정을 가지고 일하는 것이다. 우리는 서로에게 영향을 준다. 한 곳이 무너지면 다른 곳 역시 무너지기 마련이다.

코로나19 업무는 정신요양시설의 감염병 대응 방법 논의로 시작됐다. 다른 지역 정신병원에서 집단 확진이 발생하자 우리는 예방적 코호트 격리¹⁾를 준비했다. 주말에도 출근해 필요한 예산의 추정치를 계산해야 했다.

정신요양시설 코로나19 관리는 매일 입소자와 종사자의 코로나19 증상을 체크하고 보고서를 작성하는 일이었다. 그 정보는 병원, 보건소, 도청, 복지부 순으로 제출해야 끝났다. 확진자 동선이 실시간으로 공개되고, 확진자는 사회적 낙인이 찍혔다.

'내가 도청에서 1호가 될 수 없어!'

'확진된 사람이 간호직이면 창피할 것 같아!'

이런 말들에 더욱 긴장했다. 지나가는 사람들을 피해 다녔다. 마스크를 수시로 바꾸고 가방에는 항상 여분의 마스크가 있었다.

추석을 며칠 앞두고 코로나19 생활치료센터에 2주 파견됐다. 구름 낀 하늘처럼 마음도 무거웠다. 감염병 대응 지침을 알고 있었지만, 막상 신종 감염병을 앞에 두니 두려움이 컸다. 내 업무는 의료인 지원과 의료·방역물품 관리였다. 모두가 예민했다.

생활치료센터는 환자의 효율적 관리와 시설 내 감염 예방 강화를 위해 의료인과 운영요원 근무 공간(청결 구역)과 환자 생활공간(오염 구역)을

---

1) 코호트 격리는 일반적으로 감염병 등을 막기 위해 감염자가 발생한 기관을 통째로 봉쇄하는 조치를 의미하나 감염자가 없는 취약 시설을 외부 감염 유입으로부터 일정 기간 보호하기 위해 격리하는 예방적 조치도 의미한다.

완전히 분리했다. 오염 구역에 들어가려면 N95 마스크를 써야 했다. 감염 예방 및 관리의 핵심 중 하나가 올바른 마스크 착용이다.

위기는 예상치 못한 곳에서 찾아왔다. 코로나19 환자가 증가하자 미국에서 N95 마스크 수출을 제한했다. 방역업체는 A사 마스크로는 현장에 들어갈 수 없다고 했다. 환자는 늘어나는데 청소를 못 할까? 애가 탔다. 며칠 동안 B사 마스크를 구하려 도청과 의료소모품 판매업체에 전화했다.

"물건이 없어요." 같은 대답만 들리자 간절히 사정했다. "B사 마스크가 없으면 여기 방역은 멈춰요."

감염관리자에게 A사 마스크도 안전하니 15~20분 작업 후 교체하며 사용할 수 있도록 교육을 제안했다. 간절함이 통했는지 의료소모품 판매업체 사장이 B사 마스크를 구했다는 연락이 왔다. 밤 11시 30분, 그는 마스크를 들고 센터에 도착했다.

"확진자 증가로 방역물품 주문이 많아서 마스크 구하기가 어려워요. 거의 쉬지도 못하고 경기도 남부에서 북부로 배송하고 있어요. 지금도 북부에 들리고 여기로 온 거예요."

물건을 창고에 넣고 새벽 1시에 숙소로 돌아오니 한숨이 절로 나왔다. 긴장으로 딱딱해진 팔이 스르륵 풀어졌다. 2주 파견을 마치고 생활치료센터를 나오자, 모든 뼈가 삐걱거리는 것 같았다. 몸살 기운에 타이레놀을 먹고 잠들었다. 눈을 떴을 때 4일이 지나 있었다. 깊은 겨울잠에서 깬 곰처럼 멍했다.

2020년 내가 근무한 부서는 최근 한 팀에서 한 과로 승격된 신생 부서였다. 처음부터 인력이 부족했다. 코로나19가 심해지자, 생활치료센터 파견, 병상 배정반 파견, 특별휴가 등으로 16명 중 2~3명이 빠지니 모두가 혼란스러웠다. 연일 쏟아지는 공문과 메일에 정신이 없었다.

한 명이 병을 얻자, 도미노처럼 쓰러졌다. 시작은 나였다. 예산 결산 준비와 코로나19 비상근무로 쉬지 못해 대상포진에 걸렸다. 이어 과중한 업무와 스트레스로 건강이 나빠져 수술이 필요한 직원들도 생겼다.

"내가 빠지면 내 옆 사람이 고생할 텐데…."

이런 생각에 수술 일정을 추석 연휴에 맞추고 쉬는 날을 최소화하는 직원도 있었다. 2주 전부터 창백하고 기운 없던 직원이 수술 날짜를 목요일로 잡았다.

"당장 수술하셔야 해요. 아팠을 텐데… 왜 바보같이 참다 이제 왔어요."

의사의 말을 전해 들었다. 매일 함께 지내며 참는 모습을 보면서도 병원에 가보라는 말만 한 것이 미안했다. 직원은 말했다. "목요일에 수술하고 며칠 쉬다 출근하면 될 것 같아요." 간호사인 나는 최소 2주 회복 기간이 필요하다고 생각했다. 그런데 5일 만에 출근한다니 기막혔다. 강하게 말해 2일 더 병가를 쓰게 했다. 몸이 회복되지 않아 결국 2일을 더 쉬었다. 자리에 앉기도 힘든 동료를 보며 2주는 쉬어야 한다고 말할 수 없는 현실이 비참했다.

그때는 몰랐다. 우리가 서로에게 얼마나 큰 영향을 주는지. 한 사람이 무너지면 다른 사람도 오래 버티지 못한다는 것을. 진정한 열심히는 무조건적인 희생이 아니다. 건강하게 오래가는 것이 진짜 열심이다. 우리는 서로 연결돼 있다. 한 사람이 쓰러지면 모두가 위험해진다. 이제 나는 내 컨디션부터 살핀다. 건강한 몸과 마음이 있어야 열정도 지속될 수 있다는 것을 이제는 안다.

4. 다시 코로나 블루, 끝나지 않는 악몽

― 미술관에서 발견한 사유 ―

위기는 신이 내게 손 내민 순간이다. 지금은 삶을 점검하고 방향을 재설정할 시점이라는 신호이다. 현재의 문제를 명확히 하고 나아갈 길을 새롭게 정하면 된다.

"내일부터 코로나19 재택 치료 담당 부서로 출근하세요!"

오후 1시 30분, 재택 근무 중 팀장이 전화했다. 갑작스러운 인사 발령이었다. 코로나19 확진자가 매주 증가하고 있었다. 필수 인원을 제외한 직원의 1/3이 재택 근무하는 방침에 따른 조치였다. 업무 마비를 예방한 대응 방안이었다. 한 보건소는 직원의 코로나19 확진으로 2주간 폐쇄되기도 했다.

순간 당황했지만 거절할 수는 없었다. 반나절 만에 업무를 정리하고 새

근무지로 출근했다. 오전 회의 참석 요청까지 받아 서둘러 움직였다. 5개월 전 코로나19가 진정되길 바라고 떠났던 보건 부서로 다시 돌아왔다.

새 업무는 코로나19 재택 치료자 관리를 위한 재택치료지원단을 지원하는 일이었다. 이 지원단은 간호사 10여 명과 협력 의료기관 의사로 구성됐다. 간호사는 코로나19 재택 치료자에게 하루 두 번 전화로 건강 상태를 확인한 후 이상이 있으면 협력 의료기관 의사에게 의뢰했다.

회색빛 토요일 오후, 누워있던 침대에서 전화벨이 울렸다. 재택치료지원단 간호사의 전화였다.

"S시 재택 치료자가 전화를 안 받아요. 세 번 정도 연락했는데 계속 신호만 가고 안 받아요."

갑작스러운 상황에 심장이 철렁 내려앉았다. 만일의 사태가 떠올랐다. 확진자 이탈, 위치 추적, 동선 소독까지 챙겨야 하는 현실. 쉬는 날조차 업무는 나를 놓아주지 않았다.

"보건소에는 전화하셨나요? 그리고 환자와 보호자에게 연락한 것들은 꼭 기록해 두세요. 계속 연락이 안 되면 보건소 직원이 확인하러 가야 해요. 이탈이 확인되면 감염병예방법에 따라 고발 조치까지도 이뤄져야 해요."

다행히 보건소 직원이 경찰서에 환자의 격리장소 이탈을 신고했었다. 고속도로에 있는 확진자와 연락이 닿아 복귀 조치했다. 이탈자 동선 소독과 생활치료센터로 격리를 재차 당부했다. 코로나19는 사람들을 공포로 몰아넣고 서로를 감시하게 했다. 격리장소를 이탈한 확진자를 보고 이웃이 신고하기도 했다.

간호사들과 행정팀은 복도를 사이에 두고 근무했다. 어느 날 간호사 한 명이 찾아왔다.

"Q시에서 연락이 왔는데, 74세의 혼자 사는 확진자가 생활치료센터 입소를 거부해요. 집에서 키우는 토끼 때문에 못 들어간다고 하는데 어떻게 해야 할까요?"

난감했다. 고령 환자는 고위험군으로 분류되어 생활치료센터 입소가 원칙이었다. 하지만 토끼들을 굶어 죽게 둘 수도 없었다. 개인의 선택을 존중하는 자유와 국민의 건강을 지키려는 국가의 책임. 2가지 모두 중요한 가치였다. 결국 시에서 대상자에게 더 자주 연락하며 건강 상태를 확인하고 토끼를 돌볼 사람을 찾아보기로 했다.

다른 지역 고령 확진자 역시 생활치료센터 입소를 강하게 거부했다. 자녀들은 차가운 시설이 부모의 마지막이 될까 염려했다. 내가 만약 확진자나 확진자 가족이라면 어떤 선택을 했을까? 내 선택 역시 이들과 다르지 않았을 것 같다.

　일련의 사례들을 보며 삶과 죽음에 대해 생가하게 됐다. 내가 중요하게 생각하는 삶의 가치가 무엇인가? 선택의 자유를 존중하고 다른 사람에게 도움을 주는 사람이 되고 싶었다.
　끊임없이 목표를 향해 노력하고 맡은 일에 최선을 다하며 살아간다. 그러나 이것이 항상 옳은 것은 아니다. 때로는 삶을 돌아보고 추구하는 삶의 가치에 대해 고민해야 한다. 삶을 점검하는 일이 삶을 더 풍성하게 만든다.

　삶을 점검하면 얻는 것들이 있다. 첫째, 현재 자신의 위치를 알 수 있다. 둘째, 자신의 문제를 확인하고 반성할 기회를 얻는다. 셋째, 목표를 재설정하고 꿈에 가까워질 수 있다.

　세상의 끝에 왔다는 생각이 들 때면 마음이 무너지는 것 같았다. 그때 문득 깨달은 것은 더 이상 나빠질 수 없다는 사실이었다. 무엇을 하든 지금보다는 나아질 것이라는 희망이 작은 위안이 되었다.

　위기는 신이 내게 손 내민 순간이다. 지금은 삶을 점검하고 방향을 재설정하라는 신호이다. 현재의 문제를 명확히 하고 나아갈 길을 새롭게 정하면 된다. 코로나 블루는 단순한 우울감이 아니었다. 일상의 변화로 인한 무기력증과 고립감을 포함했다. 하지만 이 위기 속에서 나는 내 삶의 가치와 우선순위를 재정립할 수 있었다.

때로는 멈춰 서서 자신을 돌아보는 시간이 필요하다. 현재의 문제를 명확히 하고 재설정된 방향에 맞추어 나갈 때 우리는 꿈과 한 발 더 가까워진다. 이 어려운 시간이 언젠가는 지나가고, 그때 우리는 더 단단해진 자신을 만나게 될 것이다.

5. 번아웃증후군, 영혼이 닳아버린 날들

> **미술관에서 발견한 사유**
>
> 번아웃증후군은 나와 세상 사이에 벽을 만들었다. 이 벽을 허물고 나와 삶을 다시 연결하기 위해서는, 자신을 돌보는 시간이 필요하다. 회복탄력성을 가지는 것은 그 굴레에서 벗어나기 위한 첫걸음이자 다시 삶으로 돌아오는 길이다.

'앞만 보고 달리지 마세요. 몸이 쉴 수 있는 시간을 주세요.'
이 말이 귓가를 맴돌았지만, 당시 나는 흘려보냈다.

고무줄 두 개가 있다. 당겼다 놓으면 제자리로 돌아가는 고무줄과 손가락 길이만큼 늘어나다 멈춘 고무줄. 어떤 고무줄이 갖고 싶은가? 고무줄을 제자리로 돌아가게 하는 힘, 바로 탄력성이다. 사람에게도 이런 회복탄력성이 있다. 시련이나 고난을 이겨내는 긍정적인 힘이다. 회복탄력성은 어떤 위기가 와도 자신을 잃지 않고 원래 상태로 돌아갈 수 있게 한다.

"어제 오후 11시에 퇴근했어요. 제발 일요일 하루는 쉬게 해 줘야죠. 정말 죽을 것 같아요."

코로나19 확진자가 급증하면서 전국에 재택 치료 방식이 도입됐다. 도에서 간호사를 채용해 환자를 관리하던 것이 보건소 관리로 바뀌었다. 환자 건강이 나빠지면 약 전달, 병원 이송, 수시로 건강 상태를 확인하는 일까지 해야 한다. 업무량은 폭발적으로 늘어났고 그 무게는 고스란히 보건소로 향했다.

재택 치료자는 계속 늘었고 보건소 담당자는 늘 부족했다. 새벽 1~2시 퇴근이 일상이었다. 주말에도 전화는 멈추지 않았고 확진자들의 불만은 민원이 되었다. 중앙에서는 연락 체계 운영 실태를 확인하라는 공문까지 내려보냈다. 보건소 직원들이 재택 치료 업무를 꺼린다는 말이 나왔다.

도와주지 못하는 현실이 안타까웠다. 시군에 전화를 걸어 실적을 확인해야 했고 환자 증가로 정신없는 상황이지만 어쩔 수 없었다. 그것이 내가 그들을 위해 할 수 있는 최선이라 믿었다.

출근하면 시군 재택 치료 담당자와 10여 통 전화 통화를 해야 했다. 입에서 단내가 났다. 시군에서 도로 전화할 때는 새로운 사례에 대한 고민이 대부분이었다. 여러 시군에서 얻은 경험을 나누는 일이라 전화를 피할 수 없었다. 통화로 알게 된 담당자들의 노고를 기회만 있으면 중앙에 전달했지만 잘 반영되지 않았다.

한번은 자주 통화하던 시군 담당자의 목소리가 이상했다. 어디가 아프냐고 물으니 감기에 걸려 목소리가 안 나온다고 했다. 좀 쉬라고 했더니 이렇게 말했다.
"같은 팀원들이 다 신규라 쉬는 게 더 불편해요. 너무 힘들면… 가끔 교통사고라도 났으면 하는 생각까지 들어요."
그 말에 마음이 찢어졌다. 나도 그런 생각을 한 적이 있었기에.

재택치료지원단 업무를 하면서 체력적으로 힘이 부족하니 잘 자고 휴식을 취해야 했다. 퇴근 후, 주말에도 수시로 연락이 오니 휴대전화가 신체 일부 같았다. 카카오톡 메시지를 수시로 확인했다. 시군과 도, 중앙의 소통 창구로 카카오톡을 사용했다. 24시간 쉬지 않고 알람이 울리니 꺼둬야 했다. 자고 나면 100여 개의 새로운 메시지가 있었다.
중앙의 방침 변경, 시군의 응급상황 발생 등에 항상 예민했다. 내 신경은 날카로운 바늘 위에 올라가 있는 것 같았다. 긴장한 시간이 많아 근육이 뭉치기 일쑤였다. 몸이 뻣뻣해 운전하기 힘들 때는 택시를 타고 사무실에 출근하곤 했다.

재택 치료 업무가 시군으로 전환되면서 중앙에서 현장점검을 몇 차례 왔다. 그때마다 열을 올리며 현장의 문제점을 이야기했다. 매일 올라오는 시군의 의견을 날 것 그대로 전달하는 것이 내가 할 수 있는 최선의 역할이라 생각했다.

수시로 시군의 어려움을 이야기하지만, 바뀌는 건 거의 없었다. 점점 말하는 것이 무의미하게 느껴졌다. 한숨만 늘어났다. 무력감은 우울증으로 변했다. 아무것도 할 힘이 없고 하고 싶지 않았다. 이곳에서 도망치고 싶었다.

번아웃증후군은 일에 몰두하던 사람이 극도의 스트레스로 정신적, 육체적 기력이 소진되어 무기력증과 우울증에 빠지는 현상이다. 어떤 일에 모든 열정을 쏟았을 때 '하얗게 불태웠다.'라는 말을 쓰고, 있던 에너지를 모두 쓰고 재만 남았을 때는 '소진됐다.'라고 말한다. 평소 완벽주의자 성향이 있는 사람들에게 많이 온다고 했다. 게으름도 모르고 요령도 없이 묵묵히 일만 하다 결국 탈진해 버리는 것. 바로 내 상태였다.

번아웃증후군을 극복하고 회복탄력성을 회복하기 위해 내가 선택한 방법 세 가지가 있다.

첫째, '나는 할 수 있다!'라는 긍정 확언하기

둘째, 사기 조절 능력을 키우기 위한 명상하기

셋째, 다른 사람의 도움을 받기

내가 가진 무력감을 벗어나기 위해 전문가의 도움이 필요한 것을 알았다. 그런데 기운이 없다는 이유로, 또 시간이 없다는 핑계로 계속 미루기만 했다. 내가 듣게 될 말들이 대충 짐작되니 회피한 것이다. 대신 긴장감을 잊기 위해 집에 있는 대부분 시간 동안 잠을 잤다. 충분한 수면에 기력을 겨우겨우 연명할 수 있었다.

번아웃증후군은 나와 세상 사이에 벽을 만들었다. 이 벽을 허물고 나와 삶을 다시 연결하기 위해서는, 자신을 돌보는 시간이 필요하다. 회복탄력성을 가지는 것은 그 굴레에서 벗어나기 위한 첫걸음이자 다시 삶으로 돌아오는 길이다.

회복탄력성을 키우는 일은 나를 다시 세상과 연결하는 과정이었다. 더 빨리 전문가를 찾았다면 덜 아팠을 것이다. 다시 그런 순간이 온다면 이번엔 상담과 산책, 명상, 독서로 나를 먼저 돌보겠다.

6. 무너지는 자존감, 벼랑 끝으로 내몰리다

> **미술관에서 발견한 사유**
>
> 죽고 싶다는 말을 입에 달고 살았던 시절. 그 말은 사실 구조 요청이었다. 내가 하는 말이 내 현실을 만든다. 이제는 내게 힘이 되는 말을 하기로 선택했다. 변화된 말은 삶의 방향을 바꾸는 출발점이 된다.

죽음의 그림자가 내 일상을 덮었다. 매일 아침, 거울 속 공허한 눈을 보며 '오늘도 살아있다는 게 기적이다.'라고 생각했다. 자살이라는 단어가 머릿속을 떠나지 않았다. 그 아슬아슬한 줄 위에서 나는 살아내고 있었다.

우리는 '죽고 싶다.'라는 말을 얼마나 쉽게 내뱉는가. '배고파 죽겠다.', '힘들어 죽겠다.', '술 마시고 죽자'. 그렇게 가볍게 사용한 말들이 어느 순간 무게가 더해져 내 마음으로 돌아왔다.

코로나19 재택 치료 업무로 지쳐가던 중, 입사 1년도 되지 않은 보건소 직원의 자살 소식을 들었다. 그즈음 과중한 업무에 시달리던 간호직 공무원의 극단적 신택이 기사화되었다. 과다한 코로나19 업무에 시달리던 자녀가 최근 우울증을 앓다 극단적인 선택을 했다고 유족이 주장하고 있었다.

처음 기사에 '정말 힘들었겠구나….'라고 생각했지만, 함께 일했던 직원의 이야기로 들으니, 머리를 세게 얻어맞은 듯 충격이었다. 내가 매일 실적을 요구하던 일들이 떠올랐다. '어쩌면 내가 하는 일들이 그들의 죽음에 영향을 준 것은 아닐까? 혹시 내가 누군가를 벼랑 끝으로 내몬 건 아닐까?' 자책이 멈추지 않았다.

어느 회색 오후, 사무실은 묵직한 정적이 감돌았다. 내 마음속에는 끓는 물 기포가 터지듯 이런저런 생각이 치고 올라왔다. 목소리가 작아지고, 몸은 느려졌으며 일은 손에 잡히지 않았다. 작성하던 문서는 오타를 지우기에 바빴다. 업무를 빨리 처리해야 한다는 것을 알지만 내 몸이 내 몸이 아니었다.

감정을 스스로 제어할 수 없는데 사무실의 위치는 몇 번 바뀌었다. 이전보다 어두운 사무실. 출입구는 1층이지만 반대편은 지대가 높아 반지하 같았다. 내가 앉은 자리에서 고개를 들면 겨우 보이는 작은 창에는 굵은 나무 기둥만 보였다. 떨어진 나뭇잎들, 정적인 풍경. 생기를 느낄 수 없는 공간은 내 마음을 더욱 가라앉혔다.

사무실은 과장의 목소리로 채워졌다. 큰 소리에 깜짝 놀라는 일이 늘자, 마음이 안절부절못했다. 과장의 말 한마디도 날 상처입혔다. '우리 팀이 일을 못 해 다른 팀에서 대신한다.'라는 의미의 말들이 나를 콕콕 찔렀다. '내가 시군을 힘들게 했구나!'라는 죄책감이 밀려왔다. 모든 것이 막막한데 할 수 있는 것은 없었다. 나는 스스로 감옥에 가두고 있었다.

마음이 아픈 사람들은 위기의 순간에 시군 정신건강복지센터의 도움을 받을 수 있다. 24시간 전화상담이 가능하다. 정신건강복지센터가 있다는 걸 알면서도 전화는 쉽지 않았다. 동료가 있는 그곳에 전화하는 게 부끄럽고 상담받았다는 소문이라도 날까 두려웠다. 평소 부자가 되면 개인 상담사를 갖고 싶을 만큼 상담을 자연스럽게 생각했다. 그런데 휴대전화에 있는 손톱만 한 녹색 원 안의 하얀 수화기를 바라보고만 있었다. 20분을 들고 있으니, 손목이 아팠다. 새벽 2시, 휴대전화의 하얀 수화기를 눌렀다. '에라 모르겠다.'라는 마음이었다. 상담사는 차분히 내 이야기를 들어줬고 동료에게 어떻게 말하면 좋을지 알려줬다. 알려준 대로 내가 할 말을 글로 써 보고 몇 번 연습도 했다. 연습한 말을 전하고 나니 숨통이 트였다. 이후에 마음이 힘들어하는 사람에게 정신건강 위기 상담 전화 '1577-0199'를 일러주고는 했다.

갈 곳 없는 답답함에 사무실 근처에 살던 고양이 두 마리를 지켜봤다. 길냥이 치즈와 쿠키. 언젠가 그들의 집이 생겼고 그 앞에 가끔 캔 사료가 놓였다. 정기적으로 밥을 챙기는 사람도 생겼다. 코로나19는 해결될 기미가 없고 다들 지쳐갔으니, 마음의 위로가 필요했던 것 같다. 내 상태가 점점 나빠지는 것을 알았지만 그것을 받아들이고 싶지 않았다.

죽고 싶다는 말을 입에 달고 살았던 시절, 그 말은 사실 구조 요청이었다. 이제는 내게 힘이 되는 말을 하기로 선택했다. 부정의 말 대신 내게 힘을 주는 말을 한다. '나는 잘할 수 있다.', '나는 잘될 운명이다.', '나는 날마다 모든 면에서 점점 더 좋아지고 있다.' 말의 힘은 생각보다 강력하다. 내가 하는 말이 내 현실을 만든다는 사실을 깨달았을 때 비로소 변화가 시작됐다. 변화된 말은 삶의 방향을 바꾸는 출발점이 된다. 매일 아침 거울을 보며 긍정의 말을 되뇌는 습관을 들였다. 처음에는 어색했지만, 시간이 지날수록 그 말들이 내 마음 깊숙이 스며들었다.

'자살'의 반대말은 '살자'이다. 이제 '죽자' 대신 '잘 살자'로 바꿔 말한다. 번아웃증후군의 어둠에서 벗어나 새로운 빛을 향해 나아가고 있다. 코로나19 유행이 가져온 번아웃증후군은 나를 벼랑 끝으로 내몰았지만, 그 끝에서 나는 나를 돌아보는 법을 배웠다. 때로는 도움을 청하는 것이 가장 큰 용기임을 깨달았다.

7. 고립된 무인도, 홀로 남겨진 절망

> **미술관에서 발견한 사유**
> 내가 말하지 않으면, 아무도 모른다. 고립된 무인도를 벗어나는 방법은 다양한 문을 두드리는 것이다. 도움을 요청하는 용기에서 새로운 길이 열린다.

구조의 손길이 닿지 않는 무인도에 홀로 남겨진 기분이었다. 벌써 3일째, 머리카락은 자기들끼리 붙어 한 몸이 되었고 손가락은 머리카락 사이를 가르려다 멈춘다. 구겨진 옷은 빨래건조대에 걸쳐 있었다. 세탁기 속에 젖은 옷은 사흘째 그대로였다. 더 이상 입고 출근할 옷이 없었다. 이렇게 살아선 안 된다는 생각은 있었지만, 어제와 같은 오늘이 반복될 뿐이었다.

코로나19 재택 치료 업무를 할 때 〈라이언 일병 구하기〉 영화처럼 누군가가 나를 이곳에서 꺼내 줄 줄 알았다. 시군 보건소에서는 코로나19 업무 담당자를 6개월마다 바꿔준다는 말을 들었다. 과도한 업무 부담으로 인한 번아웃증후군을 방지하는 방안이었다. 나도 곧 이 업무에서 벗어날 줄 알았다.

"아마 시군 코로나19 담당자 중에 우울증 약이나 공황장애 약을 먹고 있는 사람이 1/3은 될걸요. 저도 먹고 있어요. 약 받으러 가는 날이 제일 좋아요."

이 말을 듣는 순간 마음이 무너졌다. 힘들면 약 먹고 참으라는 뜻처럼 들렸다. 예전 정신병원에서 근무했던 기억이 떠올랐다. 환자들은 깨어있는 것보다 잠자는 시간이 더 많아 보였다. 밥 먹다 자는 사람도 여럿 있었다. 정신과 약 먹기가 무서웠다. 이성적으로는 잘못된 생각임을 알면서도 두려움이 앞섰다.

더 무서운 건 아무도 내 복귀를 신경 쓰지 않는다는 사실이었다. 모두 자기 일에 바쁘고 나의 업무가 유지되고 있으니 그대로 두길 바라는 듯했다. 나는 종군목사가 구조하는 라이언 일병이 아니라 무인도에 남겨진 척 놀랜드였다.

화창한 오후, 신경정신과 첫 상담을 받고 출근하는 길이었다. 처방받은 약봉지가 옆에 있었다. 병원을 나와 차에 올라탄 순간부터 눈물이 쏟아졌다. 멈추지 않고 줄줄 흘렀다. 어디 잠시 차를 세워야 할 것만 같았다. 한산한 도로에 회사까지 운전하기로 했다. 꽉 찬 주차장, 틈새를 찾아 서툴게 이중주차 하니 울먹이던 것이 잦아들었다. 목소리에 울음이 걷히길 기다렸다 원 부서 팀장에게 전화를 걸었다.

"여보세요. 팀장님." 하고 말을 꺼내는 순간 울컥하고 코로 물이 넘어간 것이 신호였다. 울음이 쏟아졌다. 젖은 목소리는 다른 날보다 높고 날카로웠다. 흥분한 채 말을 쏟아내기 시작했다.

"저 지금 신경정신과 진료받고 왔어요. 요즘 너무 힘들고 자살 충동도 느껴요. 병원에서 상태가 심각하다고 약을 먹으라 했고 당장 쉬어야 한대요. 왜 내가 정신과 약을 먹어야 하는지 모르겠어요. 너무 억울해요. 의사가 지금 좀 쉬어야만 한대요. 휴직해야 할 것 같아요."

팀장이 차분히 말했다.

"진정하고 과장님과 상의해 복귀 방법을 찾아볼게요. 그리고 몸이 안 좋다면 당연히 쉬어야죠."

그 말에 울음이 더 터졌다. 전화를 끊고도 한참 그렇게 울었다. 오후 2시, 출근 시간이 가까워지는데 눈물은 멈추지 않았다. 눈 주위가 붉으니, 차에서 나올 수 없었다. 차 옆을 지나가던 사람과 시선이 마주치자 황급히 눈을 피했다. 붉어진 눈에 퇴근할 때까지 고개를 숙이고 있어야 했다.

무인도에서 벗어나기 위해 탈출구를 찾기로 했다. 가장 먼저 원래 부서 팀장에게 연락했다. 두 번째로 한 것은 마음충전소 상담 신청이었다. 마음충전소는 직원복지 일환으로 전문 상담사에게 직무, 심리, 개인 분야에 대한 상담을 받을 수 있는 곳이다. 상담사가 놀란 얼굴로 "왜 이렇게 변하셨어요?"라고 물었다. 밝았던 나를 기억해 주는 사람이 있다는 사실에 큰 위로를 받았다. 나의 이야기를 듣더니 빨리 병가에 들어가길 권유했다.

답답한 마음에 마지막으로 노조 사무실을 찾았다. 나의 건강 상태와 팀원 변경에 대해 말했다. 시군의 코로나19 업무 담당자는 6개월 순환근무를 하는 곳이 많았다. 우리도 소진이 우려되는 업무에 적용하는 것을 제안했다. 노조에서도 코로나19 순환근무를 긍정적으로 받아들였다.

나의 간절함과 사람들의 도움이 통했는지 원 부서로 복귀명령이 났다. 갑작스러운 복귀로 불편한 상황도 있었지만, 업무에서 벗어날 수 있었다. 스스로 움직이지 않았다면 상황은 더 나빠졌을 것이다.

나는 『알리바바와 40인의 도적』에 나오는 '열려라! 참깨'라는 말을 좋아한다. 문이 열리면 새로운 세계가 펼쳐진다. 도움을 요청하는 일이야말로 내 삶의 문을 여는 주문이었다. 문제를 혼자 끌어안고 있다가 놓친 기회들이 떠올랐다. 그때 주위에 도움을 청했다면 더 빨리 벗어날 방법을 찾았을 텐데 하는 아쉬움이 들었다.

　번아웃증후군은 단순히 개인의 문제가 아닌 조직 차원의 해법이 필요한 구조적 문제일 때도 있다. 그 속에서 살아남기 위해서는 스스로 도움을 요청하는 용기가 필요하다. 내가 말하지 않으면, 아무도 모른다. 고립된 무인도에서 벗어나기 위해선 문을 두드려야 한다. 그리고 그 문은 내가 열어야 한다. 도움을 요청하는 용기가 있을 때 비로소 새로운 길이 열린다.

제2장

11년 차 공무원, 멈춤을 선택하다

1. 벼랑 끝, 운명처럼 다가온 그림

미술관에서 발견한 사유

나만의 대나무숲이 필요했다. 그림은 내게 말을 걸어주는 친구였다. 지친 마음을 위로하는 것은 사람보다 나만의 공간, 그리고 나만의 무언가일 수 있다.

절망의 끝에서 한 줄기 빛을 기다렸다. 누군가의 "그만 좀 해!"라는 말이 귓가를 맴돌았다.

나는 더 이상 견딜 수 없었다. 침묵이 필요했다. 아무도 묻지 않고 내가 원하는 말만 할 수 있는 공간이 있었으면 했다. 그 공간, 나만의 대나무숲으로 가는 길에서 그림을 만났다. 그림은 내게 말을 걸어주는 친구였다. 지친 마음을 위로하는 것은 사람보다 나만의 공간, 그리고 나만의 무언가일 수 있다.

그림은 그림만의 이야기가 있다. 현실과 전혀 다른 세계였다. 내 일상과는 다른 이야기를 하고 있었다. 그래서 현실을 벗어날 도피처가 될 수 있었다. 내 이야기를 들어줄 나만의 그림이 갖고 싶었다.

문제는 어디에서 그림을 살 수 있는지 방법을 몰랐다. 인터넷 정보 검색도 제대로 되지 않았다. 빨리 그림을 갖고 싶다는 마음만 앞서 집중도 되지 않았다. 그러다 우연히 '중고나라'에서 그림 거래가 가능하다는 걸 알게 됐다. 다른 사람이 사용한 물건을 산다는 사실에 가입만 하고 잊고 있던 사이트였다. 원래는 사용하던 물건에 남은 기운이 싫어 중고품을 꺼렸지만 그땐 절박했다.

어느 토요일 오후, 처음 구매한 그림은 진영 작가의 〈낮〉이라는 판화다. 앵무새 머리에 사람 몸을 한 '앵무새 인간'이 주인공이다. 코로나19 재택 치료 업무를 반복하던 내 모습이 앵무새 인간과 닮아 보여 끌렸다. 볼수록 앵무새 인간이 흥미로웠다. 내 시선을 끌어당기는 것은 중앙의 반 이상을 차지하고 있는 밝은 개나리색 바탕이었다. 그림에서 전해지는 따뜻한 느낌이 나를 감싸는 것 같았다.

그림 속 앵무새 인간들은 킥보드를 타고 책을 읽고 피아노를 치며 한

가로운 오후를 보내고 있었다. 그중에서도 그랜드피아노를 치는 분홍 옷을 입은 친구가 내 눈길을 사로잡았다. 이 친구라면 내 말을 들어줄 것 같았다.

"애들아, 나 왔어." 퇴근하고 집에 오면 그림 속 앵무새 친구들에게 인사부터 했다. 그리고 그날의 기분을 가장 잘 알아줄 것 같은 친구를 골랐다. 오늘은 나에게 달려오고 있는 것 같은 붉은 옷을 입은 앵무새 인간이다. "친구야, 나 오늘 무슨 일이 있었는지 알아?"라는 말로 넋두리가 시작된다. 그렇게 하루의 감정을 풀어냈다.

너무 지쳐서 사람들에게 말하는 것이 점점 힘들어졌다. 회사 일을 외부인에게 구체적으로 말하는 것도 비밀 유지 조항 때문에 신경 쓰였다. 일하는 동료들과 상의하는 것밖에 방법이 없었다. 바쁜 동료들 앞에서 나의 너절한 감정을 꺼내는 건 부끄러운 일이었다. 내가 못난 것 같아 쉽게 말이 나오지 않았다. 시간이 갈수록 이야기는 쌓였고 그림에게 털어놓는 시간이 늘어났다. 그러고 나면 마음이 한결 가벼워졌다.

나의 그림에게 말 거는 방법은 간단하다. 편안한 상태에서 그림을 자세히 바라본다. 그렇게 몇 분 그림을 본다. 그리고 눈길이 머무는 존재를 고른다. 그 친구에게 속마음을 꺼내고, 잠시 그림을 다시 바라본다. 원하는 시간만큼. 마음이 정리되면 그림 속 친구에게 듣고 싶은 말을 한다. 마지막엔 듣고 싶은 말을 친구가 해준다고 상상하며 마무리하면 된다.

살기 위해 본능적으로 찾은 '그림에 말 걸기'는 나의 요동치는 마음을 진정시켰다. 번아웃증후군이 더 깊어지는 것을 늦춰줬다. 지금 마음이 점점 가라앉고 누구에게도 말하고 싶지 않다면, 좋아하는 무언가를 찾아보자. 강아지든, 책이든, 그림이든. 그것에 마음을 열고 말 걸면 마음에 평화가 올 것이다.

벼랑 끝에서 만난 그림은 내게 운명처럼 다가왔다. 그림은 나만의 대나무숲이자 가장 조용하고 충실한 친구였다. 마치 홀로 깊은 숲에 앉아 바람 소리를 듣는 것처럼 그 안에서 나는 위로받았다. 그림은 내 마음의 어둠을 밝혀주는 한 줄기 달빛이었다.

2. 정지, 나를 위한 용기 있는 선택

미술관에서 발견한 사유

멈추면 내 삶이 무너진다고 생각했다. 그런데 멈췄더니 비로소 내가 보이기 시작했다. 정지한 순간은 매장된 시간이 아니라 파종의 시간일 수 있다.

 달리는 열차에서 뛰어내리는 것처럼 속도감 있는 삶에 급브레이크를 거는 일은 두렵다. 실제 운전 중 급정지는 위급 상황에서나 쓰인다. 그런데 나는 삶의 속도를 높이기만 했지 멈추는 법을 잊고 있었다.
 멈추면 내 삶이 무너진다고 생각했다. 그런데 멈췄더니 비로소 내가 보이기 시작했다. 정지한 순간은 매장된 시간이 아니라 파종의 시간일 수 있다.

 진영 작가의 〈낮〉 판화를 매일 보며 '정말 잘 샀다.'라고 생각했다. 만족은 욕심을 낳았고 그림에 대해 더 알고 싶어졌다. 유튜브에서는 그림 투자를 판화부터 시작하라 했고 내 사정에도 맞았다. 판화 한 점을 더 구입하기로 했다. 서울 갤러리로 판화를 찾으러 가보기로 했다.

코로나19 업무에서 벗어나 바람도 쐴 겸 갤러리를 둘러보고 싶었다. 갤러리 직원과 통화한 날, 그 주말에 바로 출발할 수 있을 줄 알았다. 하지만 초보운전이 발목을 잡았다. 몸 상태가 안 좋아 서울까지 1시간 30분 운전하기가 부담스러웠다. 수원시 좋은 길 면허라 서울 운전이 겁났다. 미루다 한 달이 지났다.

갤러리에 판화를 찾으러 가는 날, 차 앞으로 가서 한 바퀴 돌며 바퀴를 발로 툭툭 쳤다. 장거리 운전 전 공기압을 확인하라는 조언을 따른 것이다. 차 시트에 앉아 백미러와 의자를 조절했다. 서울 초행 운전이 시작됐다. 너무 긴장해서 양쪽 손목이 아프고 어깨도 뻣뻣해졌다. 붉은 신호등이 켜지면 어깨와 손목부터 두드렸다.

갤러리에 들어가서 걸려 있는 그림부터 돌아봤다. 진영 작가 그림이 여러 점 있었다. 진영 작가의 〈낮〉을 다시 만났다. 매일 보던 그림이지만 갤러리의 조명 아래에서 보니 다르게 느껴졌다. 그림은 여전히 나를 반겨줬고 그림을 잘 선택했다는 생각이 들었다.

갤러리 대표는 내가 산 판화 가격을 듣더니 놀랬다. 인기가 많아 발매가보다 세 배 올랐다고 했다. 그리고 판화를 구매한 이유를 물었다. 유튜브에서 초기 그림 구매를 판화로 하라는 말을 따랐다니 안타까워했다. 그림은 판화보다 원화를 사야 한다고 강조했다. 시간이 지나 판화의 가격 상승에는 한계가 있지만 원화는 다르다고 했다.

대표가 적극적으로 이야기해서 평소 궁금하던 것들을 물었다. 누구에게도 그림을 추천한 적 없었지만, 최근 들어온 그림 한 점을 추천하고 싶다고 했다. 스케치북 크기의 작은 그림이었다. 흰 캔버스 위 파란색 큰 덩어리가 그림 중앙을 차지하고 있었다. 한쪽에는 1센티미터 정도의 빨간색, 노란색, 파란색 작은 원 세 개가 있었다. 그림의 첫인상은 차가웠다. 파란색은 내게 냉기를 주는 색이었다. 그런데 그림을 뒤집는 순간 숨이 멎었다. 〈beginning to stop!(정지의 시작)〉이란 제목 때문이다. 코로나19 업무로 지쳐 있던 나에게 보내는 신의 메시지 같았다.

빠른 속도로 달려가는 열차를 멈추고 내릴 방법을 몰랐다. 그때 내게 온 〈정지의 시작〉은 말하고 있었다. "이제 내리겠다고 하면 이 열차는 멈출 수 있어."

그림 뒷면을 본 잠깐은 정지된 시간이었다. 나는 그림과 함께 집으로 돌아왔다.

그림을 보면 3년 전 전시에서 봤던 그림이 떠올랐다. 작품 전체에서 쓸쓸함이 묻어났다. 검은 밤 부둣가에는 하염없이 바닷물을 바라보는 한 사람이 있었다. 그녀가 바다로 걸어 들어갈 것 같아 팔을 붙잡고 싶었던 기억.

〈정지의 시작〉에는 바다도 없고 사람도 없다. 하얀 캔버스의 반을 차지하는 푸른색 덩어리만 존재한다. 그 덩어리가 사람처럼 보였다. 넓은 모래사장에 혼자 덩그러니 몸을 말고 앉아서 바다를 바라보는 사람으로 보였다. 세상을 끝낼 준비를 하는 사람, 곧 그녀 옆에 신발이 놓일 것만 같았다. 그림 속 그녀는 죄책감에 괴로워하던 나의 모습이었을지 모르겠다.

최승윤 작가의 〈정지의 시작〉은 역설적인 의미를 담고 있다. 작가는 "정지의 시작은 사실 앞뒤가 맞지 않는 역설적인 말이다. 나는 세상이 시작부터 지금까지 온통 역설로 이루어져 있다고 생각한다."라고 말한다. 그의 작품은 회화적 '움직임'과 '정지'의 느낌을 동시에 담으려 했다. 그림이 멈추게 되면 아이러니하게도 세상의 법칙에 따라 그림은 다시 새로운 시작을 향해 꿈틀거린다.

멈추면 내가 무너질 줄 알았다. 그런데 멈췄더니 비로소 내가 보이기 시작했다. 정지한 순간이 이 세상에 매장된 시간이라 느껴질 수 있지만 그 순간을 파종으로 바꿀 수도 있다. 매립과 파종 모두 땅속으로 들어가서 세상과 단절된 순간을 맞이한다. 그런데 땅속에서 행동은 다르다. 파종은 새싹을 틔우기 위해 껍질에서 벗어나려 안간힘을 쓰고 매립은 그 안에서 그대로 썩어간다.

내가 코로나19 업무로 인해 매립됐다고 느꼈던 시간이 매립이 아닌 파종이었다는 것을 이제 안다. 멈췄기에 다르게 생각하고 다시 나아갈 수 있었다. 지금 내가 있는 곳을 조금 멀리서 바라보면 새로운 시각이 열린다. 신이 내게 보낸 메시지 '정지의 시작'처럼, 나는 지금, 나의 씨앗을 싹틔우는 중이다.

3. 46일간의 병가가 준 뜻밖의 선물

> **― 미술관에서 발견한 사유 ―**
> 마음의 씨앗이 땅 밖으로 올라오려면 시간이 필요하다. 한 걸음 올라오거나 제자리에 멈춰도 괜찮다. 나빠지지 않았으니 좋아지고 있다는 증거다. 자리를 유지하는 것도 힘내서 버티기에 성공한 것이다.

"당신의 잘못이 아닙니다."

그 말은 무너진 내 세계를 다시 세우는 첫 벽돌이 되었다. 상담실에서 의사가 건넨 한마디는 내 귀에 깊숙이 박혔다. '죄책감'이라는 단어가 머릿속에 총알처럼 꽂혔다. 그제야 깨달았다. 그동안 나를 짓눌렀던 감정의 이름은 바로 죄책감이었다.

의사는 3개월의 치료와 안정이 필요하다는 진단서를 써주었다. 병가를 앞두고 한 달쯤 제주도에 다녀올지 고민했지만, 현실은 녹록지 않았다. 우울증 약의 부작용으로 머리가 깨질 듯 아팠고 불쾌한 기분과 울렁거림에 일상생활도 버거웠다.

출근하지 않아도 된다는 안도감에 모든 긴장이 풀렸다. 하지만 약을 먹으면 몸은 침대와 하나가 되었다. 의지와는 상관없이 몸이 따라주지 않았다. 무언가 잘못된 것 같아 더 괴로웠다. '일어나야지! 청소 좀 해야지!' 생각만 하다가 몇 시간이 훌쩍 지나 있었다. 몸을 움직일 힘조차 없어서 그냥 잠들기 일쑤였다. 마음대로 안 되는 몸이 서러워 눈물이 났다.

그 무기력 속에서 조금씩 삶을 되돌린 5가지 방법이 있었다.
첫째, 외출하기.
집 밖을 나서는 건 큰 도전이었다. 쓰레기를 버리는 일부터 시작했다. 하루에 하나씩만 버렸다. 그래야 내일 또 외출할 이유가 생긴다. 처음엔 건물 1층을 다녀오기도 버거웠지만, 점점 거리를 늘려갔다.
집 밖으로 나오니 신선한 공기에 생기가 돌았다. 바쁘게 움직이는 사람들을 보며 힘내고 싶다는 생각이 들었다. 마트에 가는 길도 조금씩 멀어졌다. 처음 5분 걷기로 시작해 걷는 시간을 늘렸다. 병원에서 집으로 걸어오기로 한 날 10분 정도 걷다가 머리가 핑 돌고 어지러워 택시를 타기도 했다. 반복할수록 외출 시간은 길어졌다. 나중엔 2시간 가까이 밖에 머무는 날도 생겼다.

둘째, 청소하기.

청소는 내가 가장 싫어하는 일이었다. 하지만 아주 작은 일부터 시작했다. 일어나면 이불을 접었다. 꼭 가지런히 개어야 했다. 단정한 이불을 보면 '오늘도 1가지 해냈다.'라는 뿌듯함이 들었다. 하루엔 딱 1가지, 이불 빨기와 널기 정도만 목표로 했다. 청소도 매일 조금씩 하는 것이 중요하다. 한 번에 다 하려고 하면 지치고 치우는 것을 포기할 수 있다. 이불을 세탁기에 넣고 세탁해서 널기까지 하면 하루 청소하기 성공이다. 기운이 없어 이불을 널지 못해도 지저분한 이불이 눈앞에 없으니, 이것도 성공이다. 매일 조금씩 치우니 시간이 지나자, 집이 깨끗해졌다.

셋째, 좋아하는 일 하기.

사람들의 기호에 따라 음악감상, 미술 감상, 독서 등을 선택하면 된다. 나는 그림을 봤다. 특히 밝은 금빛 그림을 보고 있으면 좋은 에너지가 내게 스며드는 듯했다. 마음이 가벼워지고 저절로 미소가 지어졌다. 좋아하는 그림을 틈나는 대로 봤다. 기운이 더 처지는 날엔 더 자주 꺼내보았다.

넷째, 확언하기.

처음에는 어떤 확언을 어떻게 해야 할지 몰랐다. 과거 힘이 됐던 책을 먼저 찾았다. 그때 좋아했던 말, 용기를 줬던 말은 여전히 내게 힘을 줬다. 항상 볼 수 있게 침대 베개 옆에 두고 외출할 때는 가지고 다녔다. 주로 봤던 책은 루이스 L. 헤이의 『나는 할 수 있어』다. '나는 할 수 있고 나는 벗어날 것이다. 이 시간은 내가 성장하는 부화의 시간이다. 나는 더 나은 인간이 되어 가고 있다.' 이런 말들을 뇌 속에 넣듯이 했고 낡고 해진 생각들에서 조금씩 벗어날 수 있었다.

다섯째, 명상하기.

거창한 명상은 아니었다. 그저 가만히 앉아 눈을 감고 심호흡을 세 번 했다. 어디서든 할 수 있었다. 급하고 조급했던 내 성격을 가라앉히고 싶었다. 다양한 명상법을 시도했지만 결국 내게 맞는 건 가장 단순한 심호흡이었다. 심호흡은 시간과 장소에 구애받지 않고 어디에서나 할 수 있다.

작은 성공은 여러 실패에서 벗어날 수 있는 도움닫기가 됐다. 외출하기, 청소하기, 좋아하는 것 하기, 확언하기, 명상하기. 하나라도 성공하면 무기력한 마음에 삶의 활력을 불어넣을 수 있었다. 욕심부리면 지쳐서 시도를 포기할 수 있다. 씨앗을 심고 하루 만에 과일을 먹을 수 있다고 기대하지 않는다. 과일을 먹기까지는 시간이 필요하다. 씨앗을 뿌리고 물을 주고 기다리는 인내가 필요하다. 내가 실천한 5가지는 마음의 씨앗을 키워내는 거름이 되어주었다.

마음의 씨앗이 땅 밖으로 올라오려면 시간이 필요하다. 한 걸음 올라오거나 제자리에 멈춰도 괜찮다. 나빠지지 않았으니 좋아지고 있다는 증거다. 자리를 유지하는 것도 힘내서 버티기에 성공한 것이다. 내일 다시 땅 위로 올라가기 위한 한 걸음을 내디디면 된다. 오늘 작은 성공 하나면 충분하다.

46일간의 병가는 내게 뜻밖의 선물이었다. 겉으로 보기엔 멈춤이었지만 속으로는 단단해지는 시간이었다. 그 시간 동안 나는 무너진 나를 다시 세우는 법을 배웠다. 작은 성공이 큰 변화를 만들 수 있음을 알게 됐다.

4. 혼자가 아니었다: 따뜻한 응원의 손길들

> **미술관에서 발견한 사유**
>
> 다시 삶에서 넘어진 것 같은 순간, 이게 끝인가 싶은 순간이 온다면 그때는 누군가에게 내 등 뒤를 지지할 손끝이 되어주길 청해 보겠다. 그리고 크게 심호흡 한번 하고 다시 일어나겠다.

'한 사람의 손끝이 세상을 바꾼다.'

무거운 배낭을 짊어지고 산티아고 순례길을 걷던 한 여행자. 발에는 물집이 잡히고 신발은 깔창이 분리되어 테이프로 칭칭 감겼다. 한 걸음도 더 나아갈 수 없을 것 같은 순간 배낭이 가벼워졌다. 그건 누군가의 손끝이었다.

고창영 시인의 「등을 밀어 준 사람」이라는 시는 바로 이 경험에서 나왔다.

그 산을 넘은 힘은

누군가의 손끝이었네

고요히 등 뒤에서

살짝만 밀어주던

고창영, 「등을 밀어 준 사람」 중에서

이 시를 처음 접한 것은 '마음을 담아내는 時와 세상을 움직이는 캘리그래피' 수업에서였다. 고도원 대표가 운영하는 깊은 산속 옹달샘의 '힐링 콘텐츠 창작 캠프'의 프로그램이었다. 시인의 산티아고 경험을 들으며 나 역시 누군가의 등에 손끝을 대어주는 사람이 되고 싶었다.

코로나19로 지친 나는 그 시절로 돌아가고 싶었다. 활력 넘치던 나를 그리워하며 울었다. 누군가 손끝이 되어 밀어준다면 다시 일어날 수 있을 것 같았다. 그 바람으로 '강원도 느림보 여행'에 참여했다. '깊은 산속 옹달샘'이 기획한 이 프로그램은 3박 4일 동안 해파랑길을 걷고 해돋이 명상을 하는 일정이었다.

강원도 느림보 여행만 가면 지긋지긋한 무기력증이 다 해결될 것 같았다. 그러나 기대는 현실을 이기지 못했다. 무기력은 여전했고 침대에서 몸을 일으키는 일조차 버거웠다. 충주에서 출발 예정이었던 첫날 나는 몇 번이나 출발 시간을 미뤘다. 오전 8시, 9시, 10시, 결국 정오까지. 몸은 움직이지 않았고 마음은 무너졌다. '이대로 죽을 수도 있겠다.'라는 두려움에 휩싸였다.

다음 날 간신히 속초로 가는 버스에 올랐다. 모임 장소에 도착했을 때 낯선 이들의 얼굴에도 나처럼 어둠이 드리워져 있었다. 모두 근심과 걱정을 가득 안고 있는 것 같았다. 각자의 고민을 지고 진행요원의 안내에 따라 해파랑길을 걸었다. 걷다 마음이 맞으면 서로 이야기를 나눴고 바닷바람에 근심을 흘려보냈다. '꿈 넘어 꿈'이라는 가치 아래 모인 사람들. 편안히게 참여한 이유를 말할 수 있었다. 나는 코로나19 업무를 하다 번아웃증후군으로 우울증 약을 먹고 있다고 털어놨다. 그리고 속으로 소리쳤다.
'나 좀 도와줘요. 아직 하고 싶은 게 많아요. 나 좀 뒤에서 밀어줘요.'
그 외침은 함께 걷던 언니들에게 닿았고 진행요원을 거쳐 고창영 시인에게까지 전해졌다.

마지막 날 시인이 직접 방문할 예정이었으나 코로나19 확진으로 참석하지 못했다. 대신 작가와 전화 통화를 할 수 있었다. 짧은 통화였지만 나는 누군가 내 등에 손을 얹어준 듯한 위로를 느꼈다.

고도원 대표가 시인에게 요청해 「등을 밀어 준 사람」 낭송을 들을 수 있었다. 휴대전화 너머로 들려온 시가 '힘내'라고 말해주는 것 같았다. 그 순간 숨이 편안해졌다. 프로그램이 끝날 즈음 나는 다시 활력을 되찾고 있었다.

번아웃증후군의 회복은 자신의 상태를 인식하는 것에서 시작한다. 피로, 집중력 저하, 냉소, 에너지 고갈. 이 증상들은 조용히 그러나 분명하게 다가온다. 초기에 알아차리면 극복할 수 있다. 하지만 혼자는 어렵다. 타인의 도움이 필요하다.

'하늘은 스스로 돕는 자를 돕는다.' 이 말처럼 하늘은 스스로 노력하는 사람을 도와준다. 나는 내 상태를 알리고 도움을 요청했다. 누군가의 손끝은 내가 다시 일어설 수 있도록 도와주었다. 내가 혼자가 아니라는 사실은 새로운 기대를 품게 했다. 좋은 볼거리, 맛있는 음식, 좋은 음악 등 다양한 경험이 나를 기다리고 있다는 믿음도 생겼다.

다시 삶에서 넘어진 것 같은 순간, 이게 끝인가 싶은 순간이 온다면 그때는 누군가에게 내 등 뒤를 지지할 손끝이 되어주길 청해 보겠다. 그리고 크게 심호흡 한번 하고 다시 일어나겠다.

　나는 이제 안다. 도움을 요청할 수 있다는 것 자체가 용기인 것을. 그리고 언젠가 나 역시 누군가의 등 뒤에 따뜻한 손끝이 되어주리라는 것을.

5. 현재는 내가 선택한 삶

> **미술관에서 발견한 사유**
>
> 지금 하는 일이 마음에 들지 않을 수도 있다. 하지만 꿈은 하루아침에 도달하지 않는다. 그러므로 꿈과 비슷한 길을 가고 있다면 지금에 최선을 다해야 한다. 내가 선택한 현재이니 행복하게 받아들여 보기로 했다.

"당신은 왜 그곳에 있습니까?"

이 질문 앞에서 나는 멈춰 섰다. 히말라야 고산지대에서 숨이 턱에 차오르던 등반가처럼 내 인생의 고지에서 나 역시 숨을 헐떡이고 있었다. 그리고 문득 깨달았다. 지금 내가 서 있는 이 자리는, 다른 누구도 아닌 바로 '내가 선택한 자리'라는 것을.

마흔이 넘도록 내가 처한 상황에 누군가를 원망한 일이 종종 있었다. 스스로 돌아보는 것보다 남 탓하기가 쉬웠다. 누군가의 결정, 사회의 분

위기, 운명의 장난. 하지만 모든 선택은 결국 '나'에게 있었다. 인정하고 싶지 않았지만 내가 원해서 이 길에 서 있는 것이다.

코로나19 재택 치료 업무를 하면서 번아웃증후군이 생겼을 때도 마찬가지였다. 내 상황을 원망했다. 모든 것이 상사의 결정이었고 나는 따를 수밖에 없었다고 믿었다. 그것은 무력감과 좌절감을 느끼게 했다. 그렇게 생각할수록 내 존재는 더 작아졌고 건강은 점점 나빠졌다. 돌이켜보니 나의 수많은 선택이 지금의 나를 만든 것이었다. 지금 하는 일이 마음에 들지 않을 수도 있다. 하지만 꿈은 하루아침에 도달하지 않는다. 그러므로 꿈과 비슷한 길을 가고 있다면 지금에 최선을 다해야 한다.

'강원도 느림보 여행'은 내가 내린 선택이었다. 해파랑길을 따라 걷고 낯선 이들과 대화를 나누는 그 시간은 내 삶의 방향을 바꾸는 계기가 되었다. 함께 걷던 언니들과는 처음엔 이름만 나누었지만 걷다 보니 마음의 문도 열렸다. 파도 소리와 바람은 내 고민을 작게 만들었다. 고민의 해답을 찾으러 온 여행이지만 거대하게 흔들리는 자연 앞에서 내 고민은 작은 모래알 같았다. 때론 거센 비바람에 우비를 쓰고 일렬로 걷기도 했다. 하지만 그 안에서도 나는 웃고 있었다. 사진을 찍어주고 농담을 건네며 순간을 누리고 있었다.

그리고 사라졌던 선글라스를 누군가 돌려주었다. 작은 선물 같았다. 비바람이 걷히자, 벽화마을을 걷고 차를 마셨다. 언니들도 인생의 전환점을 찾아 이 자리에 왔다고 했다. 서로의 고민을 이야기하며 번아웃증후군을 글로 남기겠다는 내 결심에 응원을 보냈다. "잘할 수 있을 거야." 그 말이 힘이 됐다.

중간 지점에서 진행요원과 함께 차를 마시게 됐다. 언니들이 진행요원의 이야기를 듣고 싶어 했다. 그가 왜 이런 공동체 생활을 선택했는지 궁금했다. 깊은 산속 옹달샘에 합류하기 전 이야기를 들을 수 있었다.

그는 중국 유학에서 돌아오기 전 버킷리스트인 히말라야를 등반했다고 했다.

등반을 시작할 때 두통과 메슥거림이 심해져서 걸을 수가 없었다. 고산병이 온 것이다. 고산병 예방약을 먹고 근처 숙소에서 이틀 정도 지내니 몸이 조금씩 적응했다. 다시 히말라야를 올랐다. 시간이 지날수록 고도가 높아지니 더 이상 약효가 없었다. 움직이기가 힘에 부쳤다. 가다 쉬기를 반복해야 조금씩 나아갈 수 있었다.

앞으로 가도 가도 끝이 없는 길에서 멈췄던 순간 원망과 후회가 올라왔다. '내가 여기에 왜 왔지? 나는 왜 사서 고생을 하는 거지?' 구시렁대는 소리가 들렸는지 같이 걷던 사람이 물었다.

"이렇게 힘든데 여기 왜 왔어요?"

진행요원은 히말라야 등반 온 이유를 곰곰이 생각했다.

"히말라야 등반은 내 인생의 버킷리스트라서 꼭 오고 싶었어요. 이번 여행도 중국 유학을 끝내고 한국으로 돌아가기 전 어렵게 시간 낸 거예요."

말하고 알았다. 여기에 온 이유를. '아! 여긴 누군가가 가라고 해서 온 것이 아니라 내가 선택한 거구나!' 하는 생각과 함께 불평불만이 쏙 들어갔다. 나의 선택을 깨닫게 된 순간, 진행요원에게 없던 힘이 생겼고 무사히 히말라야 등반을 할 수 있었다.

진행요원이 들려준 '지금 너는 스스로 선택한 삶을 살고 있다.'라는 말이 내 안으로 쏙 들어왔다. 지금 내가 걷고 있는 이 길은 내가 선택한 길이었다. 보건소에서 도청으로 전입한 것도, 코로나19 업무에 몰두한 것도, 이 여행에 온 것도 되돌아보면, 그 모든 순간에 나는 나만의 선택을 해왔다. 그리고 지금 이 자리에 있다.

과거로 돌아간다 해도 선택은 달라지지 않을 것이다. 왜냐하면 나는 지금 내가 선택한 삶을 살고 있으니까. 이 사실을 받아들이자, 불평과 불만이 들어가고 마음이 편해졌다. 고통조차 성장의 한 과정처럼 느껴졌다. 아마도 신은 나를 단단하게 하려고 이 시간을 선물했는지도 모른다.

'현재의 나는 내가 신댁힌 삶의 결과다.' 이 문장은 나의 삶을 바라보는 방향을 바꿨다. 모든 결정의 주체는 바로 나였다. 선택에 좀 더 신중하게 됐다. 물론 아직도 남 탓을 하기도 한다. 여러 선택의 순간을 돌아보고 나를 이해할 수 있게 됐다. 내가 선택한 현재이니 행복하게 받아들여 보기로 했다.

6. 해돋이 명상 나와 마주한 시간

> **미술관에서 발견한 사유**
>
> 태양은 우리의 정신건강에 직접적인 영향을 준다. 그 빛은 뇌의 세로토닌 분비를 촉진해 우울증을 예방한다. 아무것도 하기 싫은 날, 따뜻한 햇살 아래 있으면 기분이 좋아지는 이유다.

　새벽 5시 30분, 강원도 해변. 아직 모습을 드러내지 않은 태양을 기다리며 나는 차가운 바닷바람을 맞고 있었다. 11년 차 간호직 공무원으로서 코로나19의 최전선에 서 있었다. 이제 지쳐버린 영혼이 갇힌 어두운 동굴에서 벗어나고 싶었다. 나를 끌어낼 탈출구는 '빛', 태양이었다.

　태양은 우리의 정신건강에 직접적인 영향을 준다. 그 빛은 뇌의 세로토닌 분비를 촉진해 우울증을 예방한다. 아무것도 하기 싫은 날, 따뜻한 햇살 아래 있으면 기분이 좋아지는 이유다.

'울고 있는 나의 모습, 바보 같은 나의 모습,
환하게 비추는 태양이 싫어!'

비, 〈태양을 피하는 방법〉 중에서

한때는 '환하게 비추는 태양이 싫어'라는 가사를 이해할 수 없었다. 따뜻한 태양이 왜 싫지? 그러나 번아웃증후군이 깊어질수록 이해가 됐다. 밝음이 오히려 내 어두움을 도드라지게 할 때가 있다. 그럼에도 나는 다시 태양을 찾았다. 우울을 걷어갈 해돋이 명상에 참여하기 위해 먼 길을 왔다.

여행을 다니며 태양을 바라보는 시선이 달라졌다. 새벽을 깨우는 빛, 바다로 들어가는 붉은 해, 구름 사이로 살짝 얼굴을 내미는 햇살. 그 빛나는 모습에 경탄하고 눈물이 났다. 보건소 주차장 햇빛이 잘 드는 자동차 위에서 그루밍하던 고양이가 떠올랐다. 햇살과 고양이만이 존재하던 그 평화. 그 옆에 앉으면 모든 근심이 사라질 것만 같았다.

코로나19로 인한 번아웃증후군은 나를 완전히 지치게 했다. 잠을 자도 개운하지 않았고 피부는 개구리처럼 축축했다. 이 상태에서 벗어나고자 선택한 것이 해돋이 명상이었다. 낡은 감정을 덜어내고 태양의 빛으로 내 안을 채우는 시간.

새벽 바닷가에서 우리는 원을 만들어 몸풀기를 시작했다. 3월 말 비 온 뒤 바닷바람이 매서웠다. 등에 붙인 핫팩 하나가 큰 위안이 됐다. 전날 많이 걸어서 다리는 이미 감각이 없었다. 초보 피에로처럼 다리가 멋대로 움직였다. 등산지팡이에 의지한 건 참가자 중 나 하나뿐이었다.

준비운동 후 우리는 일정한 간격을 두고 줄을 섰다. 다섯 걸음을 걷다 징 소리가 울리면 멈추는 동작을 반복했다. 그 징 소리가 태양을 깨우는 듯했다. 우리의 움직임 사이로 태양이 조금씩 수평선 위로 모습을 드러냈다.

진행자는 해결되지 않은 관계의 누군가를 마음속으로 부르라고 했다. 선뜻 떠오르는 사람이 없어 당황했다. 갑자기 웅성거리는 소리가 들렸다. 대표의 제안대로 '어머니'를 떠올렸다.

'어머니, 어머니, 어머니…' 처음엔 어머니와 해결할 문제가 없다고 생각했다. 그러나 계속 부르자 오래된 기억이 떠올랐다.

대학병원 중환자실에서 일할 때였다. 쉴 새 없이 움직여도 제시간에 퇴근하는 날은 없었다. 화장실도 하루에 한 번 가기 힘들었다. 지친 어느 날 전화한 엄마의 잔소리에 짜증을 냈다. 엄마는 단호하게 말했다.

"다 참고 다니는데 왜 너만 못 참아! 너를 도와줄 사람은 아무도 없어. 혼자 알아서 해야지. 집도 좀 치우지 왜 게으름을 피우니. 여자가 뭐든

잘해야지!"

　하루하루 출근하는 것도 힘든데 아무도 나를 도와줄 사람이 없다니… 그때 나는 절망했다. 낭떠러지 앞에 홀로 선 기분이었다. 이 기억을 떠올리며 '어머니'를 부르자 마음에 파도가 일었다. 깊이 숨겨둔 상처를 해돋이 명상이 열어준 것이다.

　떠오른 태양을 보면서 나는 오래된 감정을 흘려보내고 새로 떠오른 에너지로 나를 채웠다. 그 순간 태양은 단순한 자연현상이 아닌 내 마음을 품어주는 존재가 되었다. 아팠지만 그때도 이겨냈으니 다시 이겨낼 수 있다는 믿음이 생겼다. 떠오르는 태양이 나를 감싸고 보호하는 것 같았다.

　나는 태양을 향해 가는 길을 좋아한다. 그래서 통근버스를 타러 가는 길이 태양을 향해 달려가는 길이라 차를 팔기로 결심했다. 앞으로 나아가면 태양이 점점 커져 내가 그 안으로 들어갈 수 있을 것만 같았다.

　우울한 날 우리는 모두 자신만의 태양이 필요하다. 떠오르는 해를 바라보며 마음에 빛을 채우는 것. 코로나19의 어둠 속에서 나는 해돋이 명상으로 내 안의 빛을 되찾았다. 가장 어두운 순간에 찾아온 빛이 나를 다시 일으켜 세웠다.

7. 한라산을 천천히 오르며 찾은 나

> **미술관에서 발견한 사유**
>
> 모든 시작은 불안하다. 시작하지 않으면 아무것도 변하지 않는다. 움직이지 않으면 그냥 제자리다. 망설임을 멈추고 첫걸음을 내디디면 변화가 시작된다.

　게스트하우스 침대에 누워 열 번째 한라산 날씨를 검색했다. 비 올 확률 30%, 구름 많음, 안개 주의. 모든 징후가 '오늘은 가지 마!'라고 속삭이는 듯했다. 하지만 마음 한편에서는 다른 목소리가 들렸다. '지금 가지 않으면, 이번 여행에서 한라산을 가지 못할지도 몰라.' 나는 번아웃증후군으로 지친 몸을 이끌고, 등산 가방을 챙겼다. 제주 한라산, 내 인생의 새로운 시작점이 될 수 있을까?

　망설임은 언제나 나를 제자리에 붙잡아 둔다. 세계여행, 안나푸르나 등반, 산티아고 순례길 걷기, 오스트리아 빈에서 한 달 살기… 하고 싶은 건 너무 많고, 몸은 하나다. 시간이 지나면 실행보다 미룸이 더 큰 후회를 남긴다. 그래서 이번엔 걱정을 멈추고, 일단 시작해 보기로 했다.

10년 넘는 공직 생활 중 처음 받은 긴 병가. 진단서를 받기까지의 절차도 쉽지 않았다. 번아웃증후군으로 병원을 찾아 우울증 검사와 심리검사를 받았지만, 진단서는 3주 후에야 발급받을 수 있었다. 그 더딘 기다림 끝에 시작된 병가. 나는 이 시간을 '극적인 변화'의 기회로 삼고 싶었다.

명상 모임에서 만난 한 여성의 이야기가 내게 깊은 인상을 남겼다. 제주도 파견근무 중이던 그녀는 부부싸움 후 충동적으로 집을 나와 한라산 템플스테이를 찾았다. 비가 쏟아지는 어두운 밤 무작정 갔지만 스님의 따뜻한 환대를 받았다. 이틀간 절에 머무르며 마음을 진정시켰다. 그 위로 덕분에 가정으로 돌아갈 수 있었다. 나도 그런 치유를 경험하고 싶었다.

여행의 시작은 예약부터다. 비행기표를 예약하고, 첫 주는 미술관 관광과 한라산 등반, 둘째 주는 템플스테이로 계획했다. 혼자 있는 호텔보다는 젊은이들로 활기가 있을 게스트하우스에서 숙박하기로 했다. 한라산에 가기 쉬운 위치도 중요했다. 준비하는 순간부터, 내 안에 희망이 싹

텄다.

제주행 비행기를 탈 때는 의욕이 넘쳤다. 새벽부터 한라산에 올라가 해 질 녘 내려올 계획이었다. 그러나 등산 당일 몸은 자꾸 바닥으로 가라앉았다. 전날 미술관 관람이 무리였던 걸까.

침대에 누워 버스 시간만 확인하며 핑계를 찾고 있었다. '비가 올 수 있어, 지금 출발하면 너무 늦어.' 하지만 이번 여행에서 한라산을 포기한다면 분명히 후회할 것 같았다. 오전 9시 40분, 어지러운 몸을 이끌고 등산가방을 챙겼다. 버스정류장으로 뛰어가니 240번 버스가 10분 후 출발이었다.

버스에서 이상한 냄새가 올라왔다. 아무것도 먹지 않았는데 울렁거렸다. 치아를 꽉 물고 넘어오는 침을 계속 삼켰다. 비릿한 냄새가 섞인 침. 바르게 앉아 있기도 힘들어 창문에 기대서 밖을 바라봤다. 버스에는 나를 포함해 세 명뿐이었다.

영실코스 탐방로 입구에서 간단한 스트레칭을 했다. 엉성한 모습에 다른 사람이 봤다면 '저 사람 뭐 하지?' 싶었을 것이다. 영실코스로 올라가

어리목코스로 내려올 계획이다. 화장실 거울에 비친 내 모습을 살펴봤다. 1년에 서너 번 신을까 말까 한 보라색 등산화, 등산복 위 무릎보호대, 오른손에 든 등산지팡이, 등 뒤의 노란색 23리터 배낭.

영실 탐방코스를 천천히 오르기 시작했다. 20분은 지났겠지 싶어 시계를 봤더니 겨우 8분. '난 이 시간을 즐기러 온 거야!'라고 마음을 다잡았다. 15분쯤 지나자 더 이상 올라가지 못하고 돌계단에 기대 누웠다. 올라갈 힘이 없었다. 하늘을 보며 누워있다가 사람이 지나갈 때마다 급히 몸을 일으켰다.

가방에서 바나나를 꺼냈다. 무거운 배낭이 부담스러워 빨리 먹어 짐을 줄이고 싶었다. 바나나를 먹고 눈을 감자 제주의 바람이 얼굴의 솜털까지 흔들었다. 올라갈 길은 끝이 없어 보였지만 포기하지 않고 5분씩, 10분씩 가다 쉬기를 20여 번 반복했다. 병풍바위를 아래서, 옆에서, 위에서 바라봤다. 가까이 온 까마귀에게 말을 걸기도 했다. 윗세오름에 도착했을 때는 온몸이 지쳤지만, 성취감이 밀려왔다. 한적한 공간에 나만 있어 이곳이 모두 내 땅 같았다.

모든 시작은 불안하다. 시작하지 않으면 아무것도 변하지 않는다. 움직이지 않으면 그냥 제자리다. 망설임을 멈추고 첫걸음을 내디디면 변화가 시작된다. 나는 내 두려움을 안고도 첫걸음을 내디뎠고, 결국 한라산의 아름다운 경치와 성취감을 얻을 수 있었다.

제주에서의 2주는 나를 다시 만나는 시간이었다. 한라산에서 배운 것은 느림의 미학이었다. 내 몸과 마음의 속도를 맞추는 법을 알게 되었다. 때로는 쉬어가며, 포기하지 않고 한 걸음씩 나아가는 것. 그것이 산을 오르는 방법이다. 그리고 코로나19로 지친 간호직 공무원의 삶을 다시 시작하는 방법이었다.

8. 관음사에서 찾은 나무의 위로

> **미술관에서 발견한 사유**
>
> 흔들리는 나무는 바람과 함께 있다. 세상에 홀로 남겨진 것 같은 시간, 나는 혼자가 아니었다. 스스로 만든 세상 속 문을 잠그면 고독한 나만 있다. 자신의 문을 열고 도움을 요청해도 된다.

   동굴 천장에서 떨어지는 물방울 소리가 잔잔히 내 마음을 울렸다. 관음사 템플스테이 첫날, 청동 부처님 앞에 무릎을 꿇었다. 코로나19 업무로 쌓인 죄책감을 내려놓고 싶었다. 하지만 등 뒤에 붙어 있는 걱정들은 쉽게 떨어지지 않았다. 세상에 홀로 남겨진 듯한 두려움 속에서, 나는 누군가의 손길을 간절히 기다렸다.

   사람들이 다가오면 미모사처럼 움찔하고 피하기에 급급했다. 누군가 말을 걸면 시선은 상대를 향하지만, 몸은 뒤로 물러났다. 손짓만 해도 도망칠 준비가 되어 있었다. 나중에야 깨달았다. 사람들이 내민 손길은 위협이 아닌 구원이었음을.

한라산 등반 이후, 관음사 템플스테이에 참여했다. 낯선 공간이 주는 긴장감과 함께 시작된 일주일. 모든 걸 바꿀 수 있을 거란 기대와 달리, 새벽 4시 예불과 108배는 결국 하지 못했다. 하지만 새벽 5시 30분 아침 공양 시간만큼은 자다가도 벌떡 일어났다. 아침 공양을 위해 일어난다는 단순한 목표가 버팀목이 되어줬다.

마음은 여전히 흔들렸다. 흔들리는 차를 탄 것처럼 울렁거리는 날이 많았다. 집중도 안 됐다. 템플스테이가 진동하는 마음을 진정시켜 주길 바랐다. 하지만 장소가 바뀌었다고 치유가 바로 이루어지진 않았다. 여전히 숨 쉬는 것이 힘들었다. 다만, 방의 따뜻한 바닥에 누워있으면 잠시 근심에서 벗어날 수 있었다.

분홍색 템플스테이 조끼를 입고 관음사 한쪽에 있는 동굴로 향했다. 가는 길에 낯선 모양의 고사리류 식물이 원시림의 흔적을 느끼게 했다. 신선한 산소가 폐로 들어오는 듯했다. 동굴 안으로 들어서자, 솜털이 곧게 섰다. 천장에서 물방울이 똑똑 떨어졌다. 입구에서 바로 보이는 청동 불상 앞에서 삼배했다.

가만히 앉아 주위 소리에 집중했다. 물방울 떨어지는 소리가 동굴 전체를 울렸다. 공기는 더 서늘해졌다. 동굴 안의 바람 소리는 밖과 달랐다. 마치 다른 세계에 들어온 듯 결계가 쳐진 공간 같았다. 죄책감의 무게가 가벼워지길 바랐다. 빨리 회복되어 일상으로 돌아가길 기원했다. 코로나19로 고통받는 사람들이 없기를 마음속으로 되뇌었다.

대웅전 옆 언덕엔 큰 청동 불상과 그 뒤를 따르는 작은 불상들이 있었다. 나무 벤치에 앉아 있으니, 마치 수호천사들에게 둘러싸인 기분이었다. 멀리서 오는 바람은 조용히 내 어깨를 쓰다듬었다.

템플스테이 담당 팀장이 포행을 제안했다. 포행은 승려들이 참선하다가 잠시 방선하여 한가로이 뜰을 거닐며 명상하는 것이다. 팀장, 나, 그리고 몇 주 전부터 머물던 간호사 이렇게 셋이 함께했다. 코로나19에서 벗어나기 위해 찾아온 두 간호사의 만남은 인연처럼 느껴졌다. 우리는 각자의 생각에 빠져 한라산 둘레길을 걸었다. 때론 청소도 하고 꽃나무를 정리하며 이런저런 이야기를 했다. 작지만 의미 있는 시간이 쌓여갔다.

팀장은 내가 코로나19 업무로 번아웃증후군이 왔다고 하자 안쓰러워

했다. 관음사 주변 산책로를 알려주었다. 관음사 뒤쪽 산책로 입구에 들어서자, 바람에 흔들리는 나무들이 마치 나를 향해 손을 흔드는 것 같았다. 나무들의 흔들림을 보며 깨달았다. 내가 흔들리는 건 자연스러운 일이었다. 흔들리는 나무는 바람과 함께 있다. 나무는 바람과 함께 흔들리며 더 깊게 뿌리내린다. 나도 흔들리면서 더 깊게 뿌리내릴 수 있다. 나무는 바람에 흔들리면서 더 강해진다. 흔들림은 약함이 아니라 성장의 시작일 수 있다.

산책로를 걸으며 나무들을 바라보니 마음이 편안해졌다. 나무들이 나를 위로하고 안아주고 응원하고 이해하고 받아들여 주는 것 같았다. 나무들이 내게 말을 걸었다.
"괜찮아, 잘하고 있어! 여기서 좀 쉬어."

세상에 홀로 남겨진 것 같은 시간, 나는 혼자가 아니었다. 스스로 만든 세상 속 문을 잠그면 고독한 나만 있다. 자신의 문을 열고 도움을 요청해도 된다. 템플스테이에서 만난 사람들, 바람에 흔들리는 나무들, 그리고 청동 부처님의 미소가 내게 알려준 진리였다. 마치 나무가 바람과 함께 흔들리며 더 깊이 뿌리내리듯 나도 이 흔들림 속에서 더 단단해질 수 있음을 깨달았다. 이곳에서 나는 다시 세상과 연결됐다.

9. 나를 돌보며 다시 피어나는 에너지

> **미술관에서 발견한 사유**
>
> 더 이상 도망가지 않기로 했다. 도망쳐도 결국 다시 돌아온다. 일상이 잘 흐르려면 가장 먼저 챙겨야 할 것은 자신의 건강이다. 몸이 아프면 아무리 좋은 전시회도 의미 있는 일도 아무 소용이 없다.

벤치에 누워 천장을 바라보던 그 순간 나는 깨달았다. 왜 이렇게까지 해서 그림을 보러 가려 했는지를. 식은땀이 흐르고 현기증이 도는 와중에도 갤러리에 가고 싶었던 이유는 단 하나. 내 영혼이 간절히 원하는 위로와 에너지를 그림에서 찾았기 때문이었다.

'건강은 건강할 때 지켜야 한다.' 누구나 쉽게 말하지만, 실천은 어렵다. 아무것도 하기 싫은 날 마음을 다잡고 몸을 움직이는 일은 큰 용기가 필요하다. 그래서 나는 가벼운 운동부터 시작하기로 했다.

2주간의 제주 여행을 마치고 돌아오자, 5일 뒤엔 출근이었다. 활동하는 시간보다 잠자는 시간이 더 많았다. 8시간을 사무실에 앉아 견딜 수 있을까 걱정이 컸다. 출근 날이 다가올수록 불안은 커지고 수면시간은 줄어들었다. 세상이 멈춰버리길 바랄 정도였다.

드디어 맞이한 출근일. 두 달 만이었다. 그 사이 팀원 다섯 명이 바뀌었고 나는 낯선 얼굴들과 다시 일하게 됐다. 동료들에게 고마운 마음을 전하고 싶었지만, 얼굴엔 무표정한 가면이 씌워진 듯 웃는 것도 어려웠다. 미세하게 입꼬리를 움직이며 인사했지만, 동료들은 따뜻하게 맞아주었다. 일하는 내내 모든 에너지를 소진했고 반응은 늘 한 박자 느렸다.

빨리 회복해야 한다는 조급함이 생겼다. '이러다 무너지겠구나.' 싶었다. 그래서 다짐했다. 건강부터 챙기자. 마음의 위로가 되어준 그림을 가까이하기로 했다. 한 달에 한두 번씩 갤러리를 찾았다. 주말 외출조차 힘들던 내가 서울까지 그림을 보러 다녔다는 것은 분명 큰 변화였다.

좋아하던 그림을 다시 보기 위해 서울로 가는 길이었다. 아침은 간단히 에너지바 하나와 두유를 먹고 15분을 걸어 수원시청역으로 갔다. 갤러리는 지하철로 1시간 15분쯤 걸렸다. 한 번에 갈 수 있는 지하철이 있어서 다행이었다. 그날따라 뭔가 기분이 이상했다.

　지하철 안은 갈수록 사람들이 늘어났다. 손잡이를 잡고 눈을 감았다. 등 뒤에 식은땀이 나고 입에서는 신물이 올라오기 시작했다. 곧 괜찮아질 줄 알았다. 그런데 몸이 붕 떠 있는 것 같은 느낌이 들었다. 발바닥에 힘을 줘도 발이 땅에 붙지 않았다. 앞에 있는 사람들의 말소리는 윙윙거렸다. 머리가 핑 돌았다. 서 있기가 힘들었다. 더 이상 지하철을 타고 있는 것이 무리였다. 내리기 위해 출입구 앞에 서 있는 동안도 비몽사몽이었다. 시간이 참 느리게 흘렀다. 지하철 문이 열리자마자 앞에 있는 벤치로 달려갔다. 지하철 안과 밖의 공기는 조금 달랐다. 시원한 공기를 쐬니 좀 살 것 같았다. 저혈당인가 싶어서 벤치 옆 자판기에서 망고 음료 한 캔 사서 단숨에 다 마셨다. 어지러움이 조금 가시는 것 같았다.

　눈을 감아야 진정됐다. 벤치에 앉아 있는 것도 힘에 부쳤다. 창피함도 잊고 벤치에 다리를 올리고 누웠다. 다른 사람의 시선은 신경 쓸 수 없었다. 노숙자도 아니고 젊은 여자가 환한 대낮에 벤치에 누워있으니, 사람들이 이상하게 쳐다봤다. 지하철 안에 있는 사람들과 시선이 마주쳤다. 그렇게 10분이 지나자 좀 진정됐다. 택시를 타고 집에 왔다.

　이 경험으로 무시하고 있던 운동의 필요성이 절실해졌다. 집에서 할 수 있는 간단한 운동부터 시작하기로 했다.

몇 달 후 수레아 작가 시사회 전시 날이었다. 영국 사치갤러리 출품 전 국내 팬들을 위한 이틀 동안의 갤러리 전시였다. 용기와 희망을 주는 수레아 작가의 전시회를 놓칠 수 없었다. 회사에서 2시간 조퇴한 후 버스 타고 갤러리에 가는 길이었다. 메슥거림으로 중간에 버스에서 내렸지만 조금 쉬니 컨디션이 좋아졌다. 건강에 관심을 가졌더니 원하는 전시회도 갈 수 있었다.

내가 건강을 챙긴 방법 3가지가 있다. 첫째, 운동이다. 스쾃이 좋다는 말에 스쾃을 보조하는 운동기구를 샀다. 하루 열 개, 할 수 있는 만큼부터 시작했다. 둘째, 규칙적인 식사다. 세끼를 제시간에 챙겨 먹으려 했다. 가능하면 외식을 줄이고 집에서 음식을 만들어 먹었다. 배날보다는 반조리식품의 구매를 선호했다. 마지막은 명상이다. 나는 마음이 불안하면 바로 몸으로 나타난다. 마음을 잘 챙겨야 한다.

더 이상 도망가지 않기로 했다. 도망쳐도 결국 다시 돌아온다. 일상이 잘 흐르려면 가장 먼저 챙겨야 할 것은 자신의 건강이다. 몸이 아프면 아무리 좋은 전시회도 의미 있는 일도 아무 소용이 없다. 나는 이제야 그 사실을 진심으로 이해하게 됐다.

체력이 나아지고 전시회 가는 길에 돌아오는 일은 더 이상 생기지 않았다. 앞으로 일어날 재미있는 일들을 충분히 즐기기 위해 건강을 챙겨야 한다. 건강하면 삶의 질이 더 높아지고 더 많은 경험을 할 수 있다. 그림이 내게 주는 위로와 에너지가 내 삶의 원동력이 되었듯 이제는 내 몸과 마음을 돌보는 일이 새로운 에너지의 원천이 되었다. 앞으로 얼마나 많은 재미난 일이 나를 기다리고 있을지 벌써 기대된다.

제3장

그림은 말없이
나를 안아 주었다

1. 노란 화폭에서 발견한 나의 자화상

> **미술관에서 발견한 사유**
>
> 그림 속에서 나는 산산조각 난 내 영혼을 발견했다. 현실의 고통이 예술로 승화되는 순간 치유의 첫걸음을 내딛게 된다.

노란색 화폭 위에서 나는 나를 발견했다.

시간이 멈췄다. 밝고 선명한 노란색 바탕 위에 흩어진 신체 조각들과 날카로운 금속 도구들. 이준원 작가의 〈Standing Totem〉을 처음 마주했을 때 내 심장은 멎는 듯했다. 그림 속 분리된 손과 발, 그사이에 놓인 톱과 가위가 내게 속삭였다. "이것이 바로 당신이에요." 코로나19 업무에 파묻혀 산산조각 난 내 영혼의 자화상이었다.

그림 속에서 나는 산산조각 난 내 영혼을 발견했다. 현실의 고통이 예술로 승화되는 순간 치유의 첫걸음을 내딛게 된다.

그림을 보며 상상했다. 아크릴화의 반짝임, 평화로운 색감. 그 안에 들어가면 피곤한 현실을 벗어날 수 있을 것만 같았다. 치열했던 나날 속에서 그림은 작은 탈출구였다. 작가의 의도와 시대의 상황을 알게 되니 현실만 치열한 게 아니라는 것도 깨달았다.

어느 겨울, 코로나19 회의가 있던 날이다. 회의장으로 가야 했다. 재택 치료자 증가로 연일 회의가 있던 때였다. 그날따라 햇빛이 좋았다. 답답한 마음에 빛이 비쳤으면 해서 밖으로 나왔다. 항상 어두컴컴한 곳에 있다 나오니 커졌던 동공이 빛에 반응해 확 줄어드는 것이 느껴졌다. 재소자의 산책길처럼 오랜만에 밖으로 나오니 눈이 부셨다. 그때 나의 마음은 넘치기 직전의 수영장 같았다. 물이 수영장 끝에서 일렁였다. 조금만 흔들려도 넘친다. 작은 행동에도 넘치는 물처럼 모든 것에 격하게 반응했다. 진정하고 싶은데 감정이 마음대로 안 됐다. 운동장 옆 잔디밭과 빛나는 태양은 이렇게 평화로운데 나의 마음은 요동치고 있었다. 웃고 있는 내 모습이 우는 방법을 몰라서 노래를 부르는 새 같았다.

사무실에서 과장이 소리치는 말, 매일 무언가를 제출해 달라는 공문과 전자우편은 칼이 되어 나를 난도질했다. 손과 발, 몸통 모두 의지와 상관없이 제각각 움직였다. 줄에 매달린 마리오네트 인형처럼. 통제할 수 없는 상황들이 나를 불안하게 했다. 안전에 대한 강한 열망이 생겼다. 그래서 나를 보호해 줄 수 있는 그림, 위로될 수 있는 그림을 찾았다.

〈Standing Totem〉은 인터넷을 뒤지다 발견했다. 그림의 강렬함에 놀라서 순간 숨도 멈췄다. 밝고 선명한 노란색 바탕에 펼쳐진 손과 발 같은 신체 일부분이 분리된 채 이리저리 뒤엉켜 있었다. 그 사이에 톱, 가위, 빗 등 날카로운 금속들이 놓여 있었다. 그림 속 붉고 탱탱한 입술에 집중하게 됐다. 입술이 열리며 내게 업무를 지시할 것 같았다. 마음이 무너지니 업무를 하면서 경험하는 상황과 말이 폭력으로 다가왔다. 그림 속 금속처럼 차갑고 날카로웠다.

그림을 보면 마음이 아팠다. 아무것도 못 하고 폭력 앞에 서 있는 내가 처량하게 느껴졌다. 달려가서 어깨에 따뜻한 옷이라도 덮어주고 어깨를 문질러 주고 싶었다. 말해주고 싶었다.
'괜찮아. 정말 잘하고 있어.'
세상에서 혼자 싸우고 있다고 생각했다. 이준원 작가의 〈Standing Totem〉을 만난 순간, 나는 더 이상 고립되지 않았다. 그림 속 밝은 노란색은 역설적으로 내 마음을 진정시켰고 조각조각 흩어진 신체 조각들은 내 혼란한 정신을 그대로 비춰주었다. '전쟁터에 나만 있는 것이 아니구나! 이 진창을 나만 구르지 않구나!' 고립되지 않았다는 안도감이 들었다.

그림을 보면서 내가 받았던 위로는 5가지였다. 첫째, 시각적 위로다. 직관적으로 보는 아름다운 그림 자체가 시각을 자극하고 위로가 됐다. 둘째, 작가가 전하는 위로다. 작가의 작업 의도는 현재의 나를 구체적으로 바라보게 했다. 셋째, 휴식이 주는 위로다. 그림을 보는 시간만큼은 마음이 편안해지고 스트레스를 잊을 수 있었다. 넷째, 상상력이 전하는 위로다. 그림을 보면서 자유롭게 상상할 수 있었다. 다섯째, 새로운 사회적 연결의 계기가 됐다. 그림을 감상하며 비슷한 취향을 가진 사람들과 소통할 수 있었다.

그림은 나의 고통을 마법처럼 해결해 주지는 않았다. 하지만 고통을 직면하고 일어설 용기를 주었다. 때로는 자신의 상처를 똑바로 바라보는 것이 치유의 시작점이 된다. 만약 지금 절망의 끝에서 허우적거리는 누군가가 있다면, 나는 이 그림을 보여주고 싶다. 이 그림이 당신의 첫 치유가 되기를 바라며.

2. 간절함이 불러온 운명적 만남

> **미술관에서 발견한 사유**
>
> 무언가를 간절히 원한다면 그것을 갖는 상상부터 해야 한다. 그리고 그것을 갖기 위해 꾸준히 노력해야 한다. 그러면 우리의 내면에는 강한 힘이 생겨나고 결국 그 소망은 현실이 된다.

금빛으로 반짝이는 캔버스가 나를 불렀다.

갤러리 한쪽 구석 작은 그림 앞에 선 순간 심장이 바르르 떨렸다. 푸른 숲, 기울어진 노란 달항아리, 그 안에 고개를 빼죽 내민 분홍빛 새끼 호랑이. 〈내면의 힘〉이라는 제목은 번아웃증후군으로 상처받은 내 영혼에 처방전을 건네는 듯했다. '이 그림이 내게 필요한 모든 것이다.' 직감했다.

SNS를 멀리했던 나였다. 다른 사람과 일상을 공유하는 것이 불편했고, 개인적인 SNS는 절대 하지 않겠다고 다짐했었다. 하지만 그림을 보고 싶은 간절한 열망은 이런 다짐마저 무너뜨렸다. 결국 그림을 보기 위해 인스타그램에 가입했다.

갤러리를 둘러보던 중 반짝이는 금빛이 시선을 사로잡았다. 가까이 다가가자, 심장이 요동쳤다. 푸른 숲속 기울어진 노란 달항아리, 그 안에서 새끼 호랑이가 나를 바라보고 있었다. 호랑이가 미소 지으며 나를 부르는 듯했다. 호랑이 털은 분홍색으로 상기되어 있었다. 따뜻한 달항아리 안에서 함께 온기를 나누고 싶었다. 한참 동안 그림에서 눈을 떼지 못했다.
작가명 '수레아', 작품명 〈내면의 힘〉. 그 순간 가슴이 벅찼다. 내가 그토록 필요로 하던 말이었다. 세상을 부정적이고 삐딱하게 보던 내게 필요한 바로 그 '내면의 힘'이 여기 그림으로 있었다. 이 작품만 있으면 문제가 해결될 것 같았다. 하지만 그림 옆에는 콩알만 한 붉은 스티커가 붙어 있었다. 이미 판매된 것이었다.

쭈뼛거리며 가운데 테이블에 앉아 있는 직원들에게 다가갔다.
"혹시 저 그림은 팔렸나요?"
"네, 첫날 오신 손님이 작가의 작품 두 개 다 구매하셨어요."
"이 그림이 정말 마음에 드는데 어떻게 살 방법이 없을까요?"
안 된다는 답변만 돌아왔다. 그러나 그림 옆을 떠날 수 없었다.

1시간쯤 지났을까. 남녀 한 쌍이 갤러리로 들어왔다. 직원들과 나누는 대화를 들어보니 〈내면의 힘〉을 그린 작가였다. 시선이 자꾸 작가에게 갔다. 다가갈 용기가 나지 않아 그림 주위만 맴돌았다. 다른 관람객이 작가와 사진을 찍자고 하자, 나도 용기를 내어 작가와 사진을 찍고 그림 설명을 들었다.

　작가명 '수레아'는 초현실주의를 뜻하는 독일어 수레알리즘에서 따온 것이었다. 작가는 상상 속 초현실 이미지를 캔버스에 구현하는 작업을 한다고 했다. 그림 속 달항아리가 노란 이유는 달 에너지를 가득 담고 있기 때문이었다. 달항아리 안의 'INNERE KRAFT'는 독일어로 '내면의 힘'을 뜻한다고 했다. 10년간의 독일 유학 시간을 기억하기 위해 D.K.(Deutsche, Korea)를 넣었다. 그리고 한국과 독일 두 나라의 정체성을 표현하고 싶어 'INNERE'는 바르게, 'KRAFT'는 거꾸로 썼다고 했다. 이야기를 들을수록 〈내면의 힘〉이 더욱 좋아졌다.

　집에 와서도 〈내면의 힘〉이 머릿속을 떠나지 않았다. 이 그림만 있으면 내 우울과 모든 문제가 해결될 것 같았다. 인터넷으로 작가를 검색하고 갤러리 홈페이지에서 그림을 봤지만 충분하지 않았다. 네이버 검색창에 수레아를 검색하니 인스타그램 주소가 나왔다. 클릭해서 그림 한

두 점 보면 로그인하라는 팝업이 떴다. 시간이 갈수록 작가의 인스타그램 그림이 궁금해서 참을 수 없었다. 결국 인스타그램에 가입했다. 그리고 수레아 작가 팔로우부터 했다. 하루에도 몇 번씩 수레아 작가의 그림을 보며 하루를 버틸 힘을 얻었다. 삶의 의지가 생겼다.

〈내면의 힘〉을 갖고 싶은 열망은 쉽게 사라지지 않았다. 네이버, 중고나라 등 사이트에서 '수레아'를 검색하는 것이 일상이 되었다. 2년이 지나 우연히 〈내면의 힘〉이 매물로 나왔다. 그림을 보자마자 마음이 급해졌다. 밤 11시, 서둘러 판매자에게 구매 의사를 밝혔다. 회신을 기다리며 조마조마한 마음으로 휴대폰을 수시로 확인했다. 일주일 후, 택배 상자를 타고 새끼 호랑이가 우리 집 앞으로 왔다.

무언가를 간절히 원한다면 그것을 갖는 상상부터 해야 한다. 그리고 그것을 갖기 위해 꾸준히 노력해야 한다. 그러면 우리 내면에 강한 힘이 생겨나고 결국 그 소망은 현실이 된다. 끌어당김의 법칙이다. 지금도 〈내면의 힘〉은 내 방 한편에서 나를 바라보고 있다. 매일 아침 눈을 마주치며 나는 힘을 얻는다. 간절함이 운명을 만든다는 것을, 나는 이 그림을 통해 알게 되었다.

3. 그림을 찾아 떠나는 여행: 제주에서 다시 제주로

> **미술관에서 발견한 사유**
>
> 삶의 모든 순간은 항상 좋지도 나쁘지도 않다. 내게 부산행은 그림을 얻지 못했지만 내 안의 살아있는 열정을 찾은 성공한 여행이었다. 때로는 목적지보다 여정 자체가 더 값진 선물이 된다.

그림을 향한 열망이 나를 움직였다.

"제주도에서 부산까지 왔다가 다시 제주도로 돌아간다고요?" 갤러리 직원의 놀란 눈빛이 내 얼굴을 훑었다. 그림 한 점을 갖기 위해 섬에서 날아온 광기 어린 여정. 하지만 나는 알고 있었다. 때로는 이성보다 열정이 더 큰 지혜를 가져다준다는 것을. 이재현 작가의 그림을 향한 나의 열망은 그만큼 간절했다.

제주도 한 달 살기 계획에 변수가 생겼다. 신경정신과 약이 몸에 맞지 않아 2주마다 병원에 가야 했다. 그 시기에 이재현 작가와 진영 작가의 2인전이 부산에서 열렸다. 제주에서 부산을 거쳐 다시 제주로. 생각만으로도 한숨이 나왔다. 비행기로 부산에 도착해도 끝이 아니었다. 다시 대중교통으로 갤러리까지 가야 했다. 사람 많은 대중교통이라니, 눕지 않고 앉아 있는 것도 힘든 상태에서 하루 종일 돌아다닐 엄두가 나지 않았다.

이재현 작가는 인기가 많아 그림 구하기가 힘들었다. 이번 부산 전시는 참석자 대상 작품 추첨이었다. 당첨 확률이 높아 그림을 가질 좋은 기회였다. 전시회 전날까지 마음이 왔다 갔다 했다. 참석자에게 판화를 준다고 했으니, 당첨은 어렵더라도 판화만큼은 받고 싶었다.

그냥 눈 딱 감고 제주–부산 왕복 비행기표를 끊었다. 취소 안 되는 표로.

표를 끊었으니 12시 행사 시작 전까지 갤러리에 도착해야 했다. 미리 짐을 챙기고 일찍 잤다. 비행기 시간에 맞춰 택시를 타고 공항에 도착했다. 날씨도 좋고 느낌이 좋았다. 며칠 전 꾼 꿈이 당첨을 예고하는 것 같았다.

그런데 가는 날이 장날이라고 하늘에 있어야 할 비행기가 바닥에서 떨어지지 않았다. 조급한 마음에 자꾸 시간을 확인했지만, 비행기는 뜰 생각을 하지 않았다. 예상보다 20분 늦게 부산공항을 나섰다. 택시 정류장으로 달려가 서둘러 달라고 했다. 도로는 막히고 추첨에 늦을 것 같았다.

갤러리 대표에게 전화했다. 제주도에서 갤러리로 가고 있다고 하니 걱정하지 말고 조심히 오라고 했다. 오전 11시 50분. 세이프였다. 2달러와 추첨번호를 받았다. 한동안 심장이 진정되지 않았다.

처음 이재현 작가의 그림을 인터넷으로 봤을 때는 왜 인기인지 궁금했다. 다양한 캐릭터가 내 취향은 아니었다. 갤러리에서 직접 작품을 보자 인기 이유를 알 수 있었다. 작품의 생생한 감각이 사진에 다 담기지 않았다. 빨리 작가의 진가를 알아보지 못한 것이 속상했다. 나를 사로잡은 그림은 욕조에 발을 담그고 앞을 응시하는 사람들이었다. 송아리까지 물에 잠긴 모습이 과거에 갇혀 빠져나오지 못하는 나 같았다. 그림 속 인물과 마음을 나누고 싶었다.

전시장은 40~50여 명의 팬들로 꽉 찼다. 서울에서 온 사람들도 있었다. 다 당첨을 기대하고 왔다. 추첨기에서 공이 하나씩 나올 때마다 숨을 죽이고 집중했다. 첫 번째 당첨자는 소방공무원이었다. 코로나19가 절정인 시기라 그의 당첨은 아쉬움보다 받을 사람이 받았다는 분위기였다. 천천히 한 점 한 점 그림들이 주인을 찾았다. 제주도에서 부산까지 왔는데 내게 이 그림 중 하나가 올 수 있을까? 몇 번의 추첨이 이어졌지만 내 번호는 어디에서도 불리지 않았다. 서글퍼졌다. 이재현 작가를 직접 만나고 얼굴도장을 찍은 것에 만족해야 했다.

추첨이 끝나자, 사람들은 썰물처럼 빠져나갔다. 나는 가만히 그림을 둘러보며 그림에 말을 걸었다. 갤러리는 눈만 돌려도 바다가 보이고 파도 소리가 들렸다. 그림 속 주인공이 느끼는 감정은 무엇일지 궁금했다. 집에 데려가지 못해도 멋진 그림들을 볼 수 있어서 좋았다.

한참을 둘러보다 아쉬움을 뒤로하고 근처 물회 가게로 갔다. 그림을 보고 나니 미미한 생기가 돌았다. 밥을 먹고 근처 바다로 나갔다. 바닷가 주민들이 다시마를 줄에 널고 있었다. 바다가 잘 보이는 난간에 앉아 하염없이 바다를 바라봤다. 제주도에서 본 바다와 색이 달랐다. 부산의 바다는 잔잔하고 짙은 청록색이었다.

'괜찮아 잘하고 있어! 환영해, 너를 기다리고 있었어.' 바다가 말하는 것 같았다. '강원도 해안가 물거품, 제주도 해안가 물거품, 여기 있는 나도 모두 깨질 것을 알지만 우리는 만들어지고 부서지고 다시 흐르기를 반복해. 이게 바로 인생이야!'

이렇게 15시간의 부산 여행이 끝났다. 어떤 열정과 정신으로 부산에 갔는지 모르겠지만, 때로는 마음이 움직이는 대로 행동하는 것이 필요하다.

이번 부산행에서 얻은 것들이 있었다. 살아있는 내 열정의 불씨를 찾았다. 원하는 것을 선택하고 실행할 힘이 아직 내 안에 있다는 것을 발견했다. 좋아하는 그림 여러 작품을 볼 수 있었고, 부산의 바다를 만날 수 있었다. 맛있는 음식도 먹고 좋은 추억과 글 소재도 얻었다.

제주에서 부산으로, 다시 제주로 이어진 이 여정이 내게 가르쳐주었다. 삶의 모든 순간은 항상 좋지도 나쁘지도 않다. 그림을 얻지 못했지만, 실패한 여행이 아니었다. 내 안이 살아있는 열정을 찾은 성공한 여행이었다. 때로는 목적지보다 여정 자체가 더 값진 선물이 된다.

4. 생각은 파동이다! 그림의 치유 에너지

미술관에서 발견한 사유

내가 하는 생각과 행동은 파동이 되어 비슷한 에너지를 끌어당긴다. 웃음은 행복을 부르고, 긍정적인 생각은 긍정적인 현실을 만든다. 그림 속 에너지로 내 마음을 치유하는 순간, 나는 다시 일어설 수 있었다.

황금빛 부엉이가 나를 불렀다. 갤러리 벽에 걸린 160센티미터 높이의 작품 앞에 서자 시간은 멈췄다. 황금빛 부엉이가 달항아리 위에 앉아 날개를 활짝 편 채 나를 바라봤다. 수레아 작가의 〈생각은 파동이다!〉 앞에서 나는 그림 속으로 빨려 들어갔다. 무지갯빛 배경 속에서 부엉이의 눈빛이 말했다. "너의 생각이 너의 현실을 만들고 있어." 번아웃증후군으로 지친 내 영혼에 그림이 보내는 파동이 스며들기 시작했다.

간절히 원하는 것이 있다면 먼저 그것을 가진 모습을 상상해야 한다.

그리고 꾸준한 노력이 따르면 현실이 된다. 바로 끌어당김의 법칙이다. 이 법칙을 떠올리면 tvN 드라마 〈또 오해영〉의 주인공이 생각난다.

어느 날, 출근하던 오해영이 회사 엘리베이터에서 만난 직장동료에게 인사했다.
"안녕하세요."
밝고 경쾌한 인사에 인사받은 동료들은 고개를 갸웃거렸다. 궁금했던 한 직원이 총대를 맸다.
"무슨 좋은 일 있어요?"
"아니요. 하나도요. 웃으면 좋아질까 하고요!"
"웃으면 좋아질까 하고요!"라는 밝은 인사는 끌어당김의 힘을 보여주는 상징적인 장면이었다. 무기력한 출근길, 이 영상을 보고 나도 어느새 따라 웃고 있었다.

삶의 무게를 견디기 힘들었다. 다른 사람에게는 아무것도 아닌 일도 내가 하면 문제가 보였다. 일은 느려지고 버퍼링에 걸린 것처럼 힘들었다. 그러다 김유신 장군의 누이가 꿈을 사서 김춘추와 결혼했다는 이야기가 생각났다. 내 일복을 팔면 삶의 무게가 줄어들 것 같았다.

자주 다니는 미용실 미용사에게 내 일복을 살 생각이 있는지 물었다. 미용사가 반길 줄 알았다. 그런데 너무 바쁜 것이 싫다고 거절했다. 실망하는 모습이 안 돼 보였는지 일복의 1/3만 사겠단다. 미용사 마음이 변할까 봐 급해졌다. "저 지금 제 일복 1/3을 사장님에게 팔았어요!"라고 말하고 서둘러 미용실을 나왔다. 일상이 그만큼 버거웠다.

인상을 쓰고 있는 날이 많았다. 얼굴을 찡그릴 생각은 없었는데 버릇처럼 인상이 써졌다. 밝게 웃는 사람들의 여유가 부러웠다. 번아웃증후군을 겪으면서 미래를 생각할 여유가 없었다. 하루하루 버티는 것이 힘들어 그 순간에 집중했다. 미래의 행복을 좇기보다 오늘을 행복하게 살기로 마음먹었다. 거울 앞에서 "위스키, 치즈, 김치!"를 외치며 웃는 연습을 했다. 웃는 얼굴이 유난히 어색한 날도, 웃는 얼굴이 웃겨 웃는 날도 있었다. 웃기 시작하니 생각이 달라졌고, 기분도 달라졌다.

긍정적인 생각을 하려 노력할 때 나를 미소 짓게 한 그림이 있다. 바로 수레아 작가의 〈생각은 파동이다!〉다. 160센티미터 높이의 이 작품에서 노란 달 에너지를 가득 담은 달항아리 위에 금빛 부엉이가 팔을 벌리고 앉아 있다. 부엉이의 한쪽 팔은 뒤집어져 있어 초현실적인 느낌을 준다. 부엉이 한쪽 날개 위에는 뇌의 송과체를 형상화한 솔방울이 있다. 송과체는 뇌 안쪽에 솔방울 모양으로 멜라토닌 호르몬을 생산하는 내분비샘이다. 반대쪽 날개에는 동그란 에너지 파동이 올려져 있다. 부엉이 뒤 무지갯빛 배경이 환상의 세계로 이끈다.

시선이 마주친 부엉이가 황금빛 날갯짓으로 나를 불렀다. 다른 그림들은 눈에 들어오지 않았다. 계속 부엉이 얼굴을 바라보게 됐다. 그림에서 나오는 파동이 나를 위로하고 정화했다. 그림에서 퍼져 나오는 에너지가 내 마음을 치유했다. 집에 돌아와서도 그림이 머릿속을 둥둥 떠다녔다. 그림을 보면 웃음이 나고 즐거워져서 수시로 사진을 찍어둔 그림을 보게 됐다.

생각이 파동이 되어 다른 사람에게 영향을 주는 것을 그림으로 표현한 몬트 작가의 작업도 떠올랐다. 몬트는 독일어로 달을 뜻한다. 그는 우주의 파동을 표현한다. 캔버스에 떨어진 물감을 빨대로 불어 꽃이 피듯, 생각의 파동도 퍼져나간다. 작은 입자가 증폭되는 모습, 파동에너지는 이렇게 활짝 핀 꽃이 된다.

내가 하는 행동은 비슷한 에너지를 끌어당긴다. 과거에 나는 작은 일도 문제로 보고 심각하게 받아들였다. 고민할수록 얼굴에서 웃음이 사라지고 문제가 늘어났다. 행복해지고 싶어서 웃기로 결심했다. 내 억지웃음을 따라 웃는 사람도 생겼다. 불행해서 웃지 않은 것이 아니라 웃지 않아서 불행했다. 웃으면 그 긍정에너지가 다시 내게 돌아온다. 웃음에 행복한 일이 찾아온다.

내가 하는 생각과 행동은 파동이 되어 비슷한 에너지를 끌어당긴다. 웃음은 행복을 부르고, 긍정적인 생각은 긍정적인 현실을 만든다. 그림 속 에너지로 내 마음을 치유하는 순간, 나는 다시 일어설 수 있었다. 오늘도 나는 거울 앞에서 웃는 연습을 한다. 수레아 작가의 황금빛 부엉이를 떠올리며, 내 생각이 파동이 되어 세상에 퍼져나가고 그 파동이 다시 내게 돌아올 것이라 믿는다. 그림은 그렇게 내 삶에 파동이 되어 아름다운 꽃을 피우고 있다.

5.   달항아리 속에서 찾은 내면의 고요

> **미술관에서 발견한 사유**
>
> 삶에서 어려움을 만났을 때 우선 속도를 줄여야 한다. 멈춤은 삶의 후퇴가 아니라 자신을 돌아보는 시간이다. 멈추는 시간은 성장을 위한 밑거름이 된다. 그림과 명상의 만남은 내면의 고요를 찾는 여정이다.

달항아리 속에서 나를 발견했다.

아침 햇살이 창문을 통해 스며들자, 아크릴 액자에 비친 내 모습이 그림 속으로 스며들었다. 황금빛 부엉이가 앉은 달항아리 안, 그곳에 가부좌를 틀고 앉아 있는 내가 있었다. 그 순간 깨달았다. 내가 찾던 평화는 멀리 있지 않았다. 그림과 하나 되는 순간 내면의 고요가 깨어나기 시작했다.

아침에 일어나 먼저 보이는 것은 하얀색 레일에 매달린 그림 〈생각은 파동이다!)다. 1.5미터 높이에 1.2미터 너비로 침대 너비에 맞춰져 있다. 금빛이 꽉 찬 기울어진 달항아리가 그림의 아래쪽 1/3을 차지하고 그 위에 황금빛 부엉이가 앉아 있다. 활짝 핀 동백꽃 한 송이가 왕관처럼 부엉이 머리 위에 올려져 있다.

부엉이와 눈이 마주치면 자연스레 몸을 바로잡는다. 그리고 확언한다. '나는 바르고 안정된 생각, 말 그리고 행동한다. 나는 마음의 평온을 얻는다. 사랑합니다. 미안합니다. 용서해 주세요. 감사합니다.' 보통 5분 정도 걸린다. 다음은 하루 10분 책 읽기. 책 읽기가 끝나면 그림 앞에 가부좌하고 앉는다. 앞을 바라보면 아크릴 속 달항아리가 나를 둥글게 감싼다. 몸을 바르게 하고 양손을 무릎 위에 차분히 올린다. 부엉이에게 신호를 보내고 확언을 다시 한다. 그런 다음 명상 가이드를 들으며 호흡에 집중한다.

불안감은 심장을 자주 떨게 했다. 원인 모를 불안이 세포에서 세포로 전달됐다. 심장 가까이만 가도 바르르 떨리는 것이 느껴질 것 같았다. 명상하면 불안해서 떨리던 심장이 진정될 것 같았다. 명상 모임에 기웃거리기도 하고 명상 프로그램에 참여도 했다. 명상은 생각처럼 잘되지 않았다. 긴 시간 앉아 있는 것이 힘들었다.

그러다 찾은 것이 바로 그림과 함께하는 명상이다. 처음에는 원하는 그림을 보면서 심호흡하기로 시작했다. 그림 앞에 앉아서 명상 가이드를 듣기도 했다. 그때는 그림과 내가 각각 존재했다. 큰 그림을 잘 보관하고 싶어서 아크릴로 액자를 만들었다. 빛을 받은 아크릴 위로 주변 사물의 잔상이 어른거렸다. 그 그림자들이 그림을 가로지르며, 그림을 제대로 보기 어렵게 만들었다.

어느 날 침대 위 그림을 마주 보고 가부좌하고 앉았다. 그런 다음 명상 가이드를 틀었다. 가만히 눈을 감고 가이드에 맞춰 숨을 쉬며 떠오르는 생각들에 집중하려 노력했다. 명상하다 가만히 눈을 뜨자 그림 속 달항아리 안에 내가 가부좌하고 앉아 있었다. 그림자가 비치는 것 때문에 그림을 온전히 볼 수 없다고 불평했는데 그림과 내가 하나가 된 것이다.

가부좌하고 앉아서 숨이 들어와서 나가는 모습에 집중하면 많은 공기가 훅하고 들어왔다. 가끔 가슴에 뭉쳐서 남아 있기도 했다. 명상할 때 느낌은 매일 달랐다. 숨이 시원하게 들어오기도 하고 조금 들어와도 갑갑한 날도 있었다. 많은 생각으로 머리가 복잡할 때는 내가 다른 생각을 하고 있다는 것을 알아차리고 다시 호흡으로 돌아왔다.

그림과 함께한 명상은 4가지 선물을 안겨주었다. 첫째, 시각적 안정감으로 장소에 대한 불안을 줄였다. 둘째, 집중력 향상으로 명상 효과가 커졌다. 셋째, 감정 조절에 도움이 됐다. 넷째, 그림이 나의 명상 동료가 되어주었다. 명상할 때 그림은 묵묵히 곁에 있어 주는 친구 같았다.

현명한 사람은 자신에게서 문제를 찾고 어리석은 사람은 남에게서 문제를 찾는다. 삶에서 어려움을 만났을 때 우선 속도를 줄여야 한다. 멈춤은 삶의 후퇴가 아니라 자신을 돌보는 시간이다. 삶의 휴식과 여유는 미래에 있다고 생각하며 삶의 속도를 올렸다. 그리고 번아웃증후군에 걸렸다. 멈추고 알았다. 멈추는 시간이 성장을 위한 밑거름인 것을.

매일 아침 나는 황금빛 부엉이와 눈을 마주치며 하루를 시작한다. 그림 속 달항아리에 내 모습이 비치는 순간 나는 더 이상 혼자가 아니다. 내 안의 불안과 조급함이 잠시 멈추고 고요한 호흡만 남는다. 그림과 함께하는 명상은 내게 속도를 늦추는 법을 가르쳐주었다. 그림 속 달항아리처럼 내 안에도 무한한 에너지를 채울 수 있다는 것도 알게 됐다. 오늘도 나는 그림과 하나 된 고요한 나를 만나며 번아웃증후군으로 지친 영혼에 긍정에너지를 더한다.

6. 그림 속 고요, 마음의 평안을 얻다

미술관에서 발견한 사유

그림에도 감정이 있다. 그림은 나를 이해해 주는 친구다. 그림 속 고요함은 번아웃 증후군으로 지친 영혼에 치유의 공간을 선물한다.

"생각을 멈추세요."

명상 가이드의 목소리가 귓가에 맴돌았다. 나는 속으로 웃었다. 끊임없이 달리는 생각들을 어떻게 멈춘단 말인가? 그때 내 앞에 걸린 알피케인 작가의 현란한 색채가 시선을 사로잡았다. 시간이 멈춘 듯했다. 생각의 폭풍 한가운데서 나는 고요한 섬을 발견했다. 그림 속으로 빨려 들어가는 순간, 처음으로 내 마음의 소리를 들을 수 있었다.

'생각을 멈출 수도 있는 거야? 어떻게 하면 생각이 멈추지?' 이해할 수 없는 말이었다. 끊어지지 않는 생각 속에서 고요하고 평온한 마음을 갖고 싶었다. 빠른 말과 급한 성격 탓에 손해 본 일도 있었다. 갖지 못한 모습을 더 동경했다.

출근한 지 5개월이 지났다. 번아웃증후군으로 인한 우울증으로 두 달의 병가를 다녀왔지만, 회복은 더뎠다. 사무실에 앉아 일하고 사람들과 말하는 것만으로도 모든 에너지가 빠져나갔다. 집에 도착하면 바로 침대에 누웠다. 밥 먹을 힘도 없었다.

우울에서 벗어나려 매일 아침 작은 성취감을 느끼는 일을 했다. 이불 개기, 쓰레기 버리기, 한 페이지 이상 책 읽기. 이 모든 것이 부정적인 생각을 끊어내는 데 도움이 됐지만 그 시간이 길게 이어지지는 않았다. 내가 긍정적이고 밝은 기분을 유지하기 위해 할 수 있는 일은 갤러리에 가서 좋아하는 작가의 그림을 보는 것이었다. 그림이 나의 감정을 잘 이해해 주는 것 같았다.

소란스러운 순간을 고요하게 만들 수 있는 작가 알피 케인을 알게 된 것은 자주 가는 갤러리 매니저 덕분이다. 갤러리에 그림을 보러 갈 때마다 알피 케인을 이야기하고 인스타그램 그림도 보여줬다. 얼마나 그림이 좋았으면 그렇게 말하고 싶었을까? 덕분에 작가의 인스타그램을 팔로우하기 시작했다.

작가의 두 번째 개인전을 한국에서 하게 됐다. 인스타그램으로 보던 그림을 직접 보면 어떤 느낌이 들지 궁금했다. 날을 잡고 알피 케인 작가의 개인전에 그림을 보러 갔다. 그림은 현란한 색감으로 한순간을 아주 멋지게 포착하고 있었다. 마치 세상이 멈춰있고 초능력자가 시간 사이를 돌아다니는 느낌이었다. 그림을 감상하는 순간 내가 시간 여행자가 된 것 같았다. 그림에는 완벽한 고요가 함께하고 있었다.

말로 표현할 수 없는 이 벅찬 감정에 눈을 감을 수밖에 없었다. 자리를 옮길 수 없었다. 내 감정을 조절할 수 없었다. 그림을 자세히 보니 누군가 나와 같은 시선으로 그림 속 풍경을 바라보고 있을 것 같았다. 내가 그 사람이 되어 풍경을 바라보기도 하고, 그림에 시선을 두고 있는 누군가에게 말을 걸었다. '내가 힘들어하는 고통의 순간에 모두 멈추기를 바란 것일까?' 의자에 앉아서 10분 동안 하염없이 그림만 바라보고 있었다.

건축을 전공한 작가의 손길이 느껴졌다. 건물은 자로 잰 듯 반듯했다. 작가가 꿈꾸는 이상적인 집, 창가에서 바라보는 풍경, 샤워를 끝낸 욕실,

태풍이 몰려오기 전 알록달록한 부엌. 모두 완벽한 고요 속에 있었다.

전시회는 인기가 많아 사람들로 분주했다. 하지만 그림을 바라보고 눈을 감고 심호흡하면 주위 소음이 줄어들었다. 내가 소파에 앉아 그림 속 호수를 보고 있는 것 같았다. 나무토막에 걸려 있는 돛단배에 올라타 어디론가 떠나고 싶었다. 고요한 정적이 내 몸의 긴장을 풀어줬다. 그림 속이라면 이 고요가 나에게 전달되고 이 계속된 떨림을 멈출 수 있을 것 같았다.

계속되는 긴장과 불안을 벗어던지고 싶었다. 그림을 보면 마음이 차분해지고 잠시라도 가슴 떨림이 진정됐다. 빨리빨리 그림을 보고 나가는 사람들 속에 오랫동안 작품을 바라보고 있는 나. 세상의 흐름에 섞이지 못하고 멈춰있는 나의 모습과 같았다. 한편으로 이런 내가 속상했고, 다른 한편으로 그림을 충분히 즐기고 있어서 마음이 충만해졌다. 이 시간이 좋아서 이 순간을 호리병에 담아 집에 가지고 가고 싶었다.

그림에도 감정이 있다. 그림은 나를 이해해 주는 친구다. 3년 전 번아웃증후군에 걸렸을 때 만난 수레아 작가의 〈내면의 힘〉도 그랬다. 누구에게도 말하고 싶지 않았지만, 누군가 내 마음을 이해해 주길 간절히 바랐다. 전시관 벽에 걸린 그림 앞에 한참 서 있었다. 그림 속 환한 빛이 내게 말을 거는 듯했다. 눈을 감았다 뜨니 처음과는 다른 느낌이었다. 왠지 친해진 것 같았다. 전시관을 나설 때 치유라는 게 이런 거구나 싶었다.

그림과의 만남은 내게 새로운 세계를 열어줬다. 끊임없이 달리던 생각들 속에서 잠시 멈춰 숨을 고를 수 있는 공간을 선물해 줬다. 알피 케인의 현란한 색채 속에서, 수레아의 빛나는 작품 속에서 나는 영혼의 쉼터를 발견했다.

이제 갤러리를 찾을 때마다 그림과 대화를 나눈다. 말없이 서로를 바라보는 시간 속에서 내 마음은 점차 고요해진다. 그림은 판단하지 않고 그대로의 나를 받아들이는 법을 가르쳐 줬다. 번아웃증후군의 어둠 속에서도 그림은 작은 빛이 되어줬다. 그림 속 고요함이 내 마음의 평안이 되어 나는 조금씩 치유의 길을 걸어가고 있다.

7. 문법과 마법에서 발견한 연결의 힘

> **미술관에서 발견한 사유**
>
> 우리는 결코 혼자가 아니다. 시공간을 뛰어넘어 같은 파동이 이어져 있다. 우리는 모두 서로에게 영향을 주는 존재이다. 서로 다른 세계의 충돌 속에서 발견하는 자아와 치유의 순간은 번아웃증후군을 극복하는 마법 같은 경험이 된다.

검은 천에 흰 글씨로 쓰인 '문법과 마법'이 내 발걸음을 멈춰 세웠다. 인사동 골목을 빠져나가려던 오후 5시, 사람들이 붐비는 시간이 다가오고 있었다. 사람들로 붐비는 지하철을 다시 타야 한다는 생각에 몸이 움츠러들었다. 하지만 이 낯선 단어의 조합이 내 호기심을 자극했다. 문법과 마법. 규칙과 초월. 현실과 환상. 그 사이에서 내가 찾던 무언가가 있을 것 같았다.

수원에서 안국역까지 오는 길은 쉽지 않았다. 집에서 버스를 타고 양

재역까지 간 후 지하철로 갈아탔다. 광역버스는 빈자리가 있지만 지하철은 달랐다. 의자에 앉은 사람들 앞에 사람들이 빽빽하게 서 있었다. 시간이 지날수록 등에서 땀이 나고 공기는 탁하게 느껴졌다. 안국역에 도착하자마자 화장실로 뛰어가 시원한 물에 손을 씻고 입을 헹구니 울렁거림이 조금 진정됐다. 아침 안국역에 오던 길을 생각하면 사람이 붐비는 시간대 지하철 탈 용기가 없었다. 그런데 '문법과 마법'이라는 제목이 자꾸 마음에 맴돌았다. 글을 쓰고 맞춤법 검사 프로그램으로 확인하면 붉은 표시가 가득했던 내게 미술품 전시와 문법의 연결은 글쓰기에 도움이 될 비밀을 품고 있을 것 같았다. 결국 발걸음을 돌려 갤러리로 향했다.

온통 검은색으로 둘러싸인 입구는 마치 다른 세계로 통하는 문처럼 느껴졌다. 살며시 문을 열고 안으로 들어가자, 전시회 안내가 보였다. 안내 데스크 직원에게 "여기 전시를 볼 수 있을까요?"라고 물었다. "네, 구경하셔도 돼요."라는 대답에 긴장이 풀렸다.

전시장 안은 고요했다. 어두운 환경이 적막하게 느껴져 살금살금 조심스럽게 움직였다. 1층에는 설치미술 몇 점이 있었고 손바닥 두 개를 합친 크기의 브라운관에서는 소리와 함께 영상이 계속 돌아가고 있었다. 처음에는 작품과 전시 제목의 의미를 이해하기 힘들었다. 낯설어서 '이게 뭐지?'라는 의문만 들었다.

김아영의 개인전 〈문법과 마법(Syntax and Sorcery)〉 설명서에는 호기심을 자극하는 내용이 가득했다. 가상도시 서울에 사는 여성 배달 라이더 에른스트 모(Ernst Mo)가 주인공이었다. 에른스트 모는 작가가 'Monster'의 철자를 재구성한 이름이었다. 어느 날 에른스트 모는 자신이 사는 세계와 다른 가능 세계에서 자신과 도플갱어같이 닮은 엔 스톰(En Storm)을 만난다. 같은 시공간에서는 공존 불가능한 두 사람이 만나면서 혼란을 겪는 이야기였다.

갤러리를 둘러보던 중 작가의 설명을 가장 잘 보여주는 설치미술을 발견했다. 한쪽 벽면에는 애니메이션 속 에른스트 모가 바이크를 타고 가는 순간들을 포착한 그림이 있었다. 다른 쪽에는 에른스트 모와 엔 스톰이 충돌한 모습이 있었다. 점프슈트를 입고 헬멧을 쓴 배달원과 바닥을 뒹굴고 있는 007가방, 그리고 주위에 널린 깨진 유리 파편들이 시공간의 충돌을 생생하게 보여주고 있었다.

그 모습은 마치 코로나19로 인한 번아웃증후군으로 과거의 밝은 나와 무기력한 현재의 내가 충돌하고 깨진 모습 같았다. 영상 속 에른스트 모가 나와 겹쳐 보여 쉽게 전시장을 떠날 수 없었다. 네 번째 같은 영상이 반복될 때야 비로소 전시장을 나올 수 있었다. 내 마음에 무언의 씨앗이 심어진 것 같았다.

이 전시를 통해 영상으로도 강력한 예술 경험이 가능하다는 것을 알게 됐다. 실물 전시, 모형 전시, 영상 전시, 디지털 전시, 체험 전시 등 다양한 방식이 있지만 김아영 작가의 영상 작품은 감정과 상황을 특별히 효과적으로 전달했다. 내가 사는 세계와 다른 세계를 더 잘 받아들일 수 있게 해주었다.

번아웃증후군이 왔을 때 이 시간이 영원히 끝나지 않을 것 같아 고통스러웠다. 홀로 남겨진 것 같아 무섭고 불안했다. 하지만 이 전시를 통해 내가 고통을 느끼는 순간 다른 세계의 누군가가 나와 함께 있다고 생각하니 마음이 놓였다. 불안감도 줄어들었다. 마음의 위로가 됐다.

나비의 날갯짓이 대서양의 파도를 일으키는 버터플라이 효과처럼 겉보기에 무관해 보이는 존재들 사이에도 보이지 않는 연결 통로가 있다. 이 연결 통로를 통해 모든 시간의 행위들이 서로 영향을 주고받는다. 시공간을 뛰어넘어 같은 파동이 이어져 있는 것이다. 우리는 모두 서로에게 영향을 주는 존재이다.

　김아영의 〈문법과 마법〉은 내게 위로와 희망을 주었다. 문법이 언어에 질서를 부여하듯 우리의 삶에도 보이지 않는 규칙이 있다. 그러나 때로는 그 규칙을 넘어서는 마법 같은 순간이 찾아온다. 다른 세계의 나와 만나는 순간, 과거와 현재의 내가 충돌하는 순간, 그 혼란은 새로운 가능성을 만든다. 우리는 결코 혼자가 아니다. 시공간을 뛰어넘어 같은 파동이 이어져 있다. 우리는 모두 서로에게 영향을 주는 존재이다. 서로 다른 세계의 충돌 속에서 발견하는 자아와 치유의 순간은 번아웃증후군을 극복하는 마법 같은 경험이 된다.

　지하철로 향하는 발걸음이 가벼워졌다. 지하철 속 사람들이 각자의 세계에서 온 여행자들처럼 느껴졌다. 어쩌면 그들 중 누군가는 다른 세계의 나일지도 모른다.

　이제 나는 매일 아침 확언을 할 때마다 나뿐만 아니라 다른 세계의 나, 그리고 모든 존재를 위한 긍정의 에너지를 보낸다. '우주의 모든 이들이 행복하기를.' 이 작은 의식이 나비의 날갯짓처럼 어딘가에 파동을 일으킬 것이라 믿는다. 우리는 결코 혼자가 아니다.

8. 그림, 어둠 속 한 줄기의 빛이 되다

> **미술관에서 발견한 사유**
>
> 예술은 우리의 고립된 경험을 보편적 인간 경험으로 연결해 준다. 절벽 위에 홀로 선 인물을 통해 고통은 나만 가진 고유한 것이 아니라 보편적 사람의 경험임을 깨달았고, 그 깨달음을 통해 우리는 조금씩 치유된다.

갤러리의 흰 벽에 걸린 그림 앞에 서자 시간이 멈췄다. 흑백의 절벽 위에 홀로 선 남자의 모습이 내 영혼을 관통했다. 그 순간 깨달았다. 내가 서 있는 벼랑 끝에 나 혼자만 있는 것이 아니라는 것을. 번아웃증후군의 깊은 안갯속에서 길을 잃었던 나는 그림 속 고독한 인물에게서 위로받았다. 때로는 절망의 끝에서 희망이 시작된다.

나는 행동하기보다 '이거 해야 하는데…' 하며 걱정하고 고민하는 시간이 많았다. 없는 걱정도 사서 했다. 성격검사로 걱정이 많고 불안이 높은 사람임을 확인했다. 불안은 일어날지 일어나지 않을지 알 수 없는 미래에 대한 것이다. 걱정한다고 해서 걱정이 줄어들거나 없어지지 않는다. 오히려 걱정하면 할수록 걱정만 더 늘어날 뿐이다. 걱정을 버리고 마음에 행복을 들여놓기로 했다. 말처럼 쉽지 않았다. 잘 지내다가도 갑자기 우울함이 폭풍처럼 몰려와 나를 삼키는 날이면 가만히 있어야 했다. 눈을 감고 나의 상태를 돌아보고 심호흡했다. 그리고 마음을 정화하는 확언을 여러 차례 되뇐다. '사랑합니다. 미안합니다. 용서해 주세요. 감사합니다.' 그러면 기분이 조금 나아지곤 했다. 불안과 걱정 대신 오늘에 행복이 있다는 것을 더 빨리 알았다면 좋았을 텐데 하는 후회가 든다.

불안해하는 나를 가장 잘 표현한 그림이 있다. 독일 낭만주의 화가 카스파 다비드 프리드리히의 〈안개 바다 위의 방랑자〉다. 그림에는 한 건장한 남자가 산 정상에서 아래를 내려다본다. 눈앞에 보이는 것은 온통 안개뿐이다. 과거에는 남자가 멋진 선택의 기로에선 순간을 표현했다고 생각했다. 내 앞에 펼쳐진 삶을 모를 때 어떤 선택을 해야 멋진 미래가 올지 고민했었다.

그러나 코로나19로 인해 번아웃증후군에 걸리고 이 그림을 다시 봤을 때 비명부터 나왔다. 그림 속 남자는 절망에 놓여 있는 것 같았다. 눈

앞에 있는 짙은 안개는 떨어지지 않고, 다리에 착 붙어 있는 우울과 불안 같았다. 그림 속에 갇혀 오지도 가지도 못하고 안갯속에서 길을 헤매고 있는 나를 보는 것 같아 눈물이 나왔다. 세상이 원망스러워 욕이라도 크게 하고 싶었다. 때로는 중얼거리며 불평불만을 쏟아냈다.

보물섬 명상반에서 들은 이야기가 떠올랐다. 한 양파에는 매일 칭찬하고 다른 양파에는 매일 욕과 불평불만을 하면서 한 달을 보냈더니 좋은 말을 들은 양파는 파릇파릇하니 쑥쑥 자랐고 나쁜 말을 들은 양파는 속이 텅 비고 썩어 있었다고 한다. 말에는 에너지가 있어서 말하는 행위는 씨앗을 심는 행위와 같다. 내가 힘들다고 불평불만을 토로했던 것이 메아리가 되어 다시 내게 더 큰 불평불만이 되어 돌아오고 있었나.

그 연결 고리를 끊게 해준 그림을 찾았다. 막막한 느낌을 벗어나고 싶어서 자주 가던 갤러리에 방문했던 날이다. 갤러리에는 세 명의 작가 그림이 전시 중이었다. 그림을 둘러보던 중 시선을 사로잡은 그림 하나가 있었다. 눈은 그림에 고정됐지만 가까이 다가갈 수 없었다. 아니, 다가가고 싶지 않았다. 흰색과 검은색만을 사용한 그림 속 깎아지는 듯한 절벽에 망토를 두른 한 남자가 서 있었다. 눈앞에 펼쳐진 세상은 간결했다. 군더더기가 없어 바다 한가운데 있는 것 같았다. 어디로 향해야 할지 모르는 바다 한가운데서 길을 잃은 배 같았다.

3년 전 번아웃증후군에 걸렸을 때 나는 세상에 홀로 남겨진 것 같았다. 누가 내 마음 좀 알아주었으면 싶었다. '잘하고 있어!', '괜찮아!' 이런 말을 듣고 싶었다. 절벽 위에 홀로 서 있는 그를 만난 것은 내가 절망의 끝에 이를 때였다. 위태롭게 서 있는 남자의 모습이 마치 나와 같다는 생각이 들어서 한참 동안 눈을 떼지 못했다. 그림을 보면서 나만 괴롭고 힘든 게 아니란 사실에 위로가 됐다.

'괜찮아, 잘하고 있어.'

절벽 위 남자에게 말을 걸었다. 내가 듣고 싶던 말. 텅 빈 전시장에 그의 목소리가 울리는 듯했다. 메아리. 그래, 메아리였다. '괜찮아, 잘하고 있어.' 어떤 생각과 말을 하느냐에 따라 경험하게 될 일은 달라진다. 내게 메아리가 되어 돌아올 말들이 행복이었으면 좋겠다.

갤러리를 나서며 문득 깨달았다. 벼랑 끝에 선 남자는 절망에 빠진 것이 아니라 새로운 가능성을 바라보고 있는 것일지도 모른다. 안개는 언젠가 걷힐 것이고 그때 우리는 더 넓은 세상을 볼 수 있을 것이다. 예술은 우리의 고립된 경험을 보편적 인간 경험으로 연결해 준다. 절벽 위에 홀로 선 인물을 통해 고통은 나만 가진 고유한 것이 아니라 보편적 사람의 경험임을 깨달았고, 그 깨달음을 통해 우리는 조금씩 치유된다.

오늘도 나는 거울 앞에 서서 스스로에게 말한다. "괜찮아, 잘하고 있어." 그리고 그 말이 메아리가 되어 내게 돌아오길 기다린다. 벼랑 끝에서 만난 그림이 내게 가르쳐준 것처럼 때로는 가장 어두운 순간이 빛을 발견하는 시작점이 될 수 있다. 안갯속에서도 희망은 존재한다.

9. 도록 속에서 찾은 나만의 퀘렌시아

> **미술관에서 발견한 사유**
>
> 내 인생도 하나의 도록과 같다. 지금 내가 겪는 어려움, 미완성의 순간들, 그리고 작은 성취들이 모여 언젠가는 아름다운 한 권의 책이 될 것이다. 내 삶의 모든 순간은 소중한 기록이 된다.

침대에 누워 수레아 작가의 노란 도록을 펼쳤다. 그 순간 마법처럼 불안은 잦아들었다. 페이지를 넘길 때마다 전시장의 향기, 그림 앞에서 느꼈던 감동, 작가와 나눈 대화가 생생하게 되살아났다. 내 영혼이 흔들릴 때마다 찾게 되는 이 종이 위의 세계는 단순한 그림 모음집이 아닌 나만의 피난처였다. 도록은 내게 속삭였다. "괜찮아, 넌 지금도 충분히 잘하고 있어."

"어떻게 하면 사진을 잘 찍을 수 있어요?"

미술품 전시에 가면 마음을 사로잡은 그림을 자주 만났다. 눈에 담는 것만으로는 부족해 사진을 찍었지만 그림은 한쪽으로 기울고 뭔가 이상했다. 갤러리에서 가끔 마주치는 컬렉터들에게 사진을 예쁘게 찍는 방법을 물었다. "자세를 잡고 그림을 수평으로 찍으면 돼요." 들은 대로 수평으로 찍으니, 전보다는 좋아졌지만, 여전히 원하는 수준의 사진은 아니었다.

　카메라에 대한 원망을 멈추게 한 것이 바로 도록이다. 도록은 내용을 그림이나 사진으로 엮은 목록이라고 표준국어대사전에서 정의하고 있다. 도록에는 그 전시회에 있던 그림의 전부 혹은 대부분이 실려 있다. 직접 그림을 보고 있지 않아도 도록으로 그때의 감정을 되살릴 수 있다. 마음을 움직이는 전시가 있으면 가능하면 도록을 구매하려고 한다.

　전시회의 도록은 5가지 장점이 있다.
　첫째, 작품에 대한 상세한 정보를 제공한다. 작품의 제목, 작가명, 제작 연도, 사용한 재료, 작품의 크기 등 기본 정보뿐 아니라 작품의 제작 방법, 작가 노트를 통해 작품의 의도까지 담겨 있다. 둘째, 작품의 시각적 이미지를 제공한다. 도록에 실린 이미지는 내 사진 실력보다 훨씬 뛰어났다. 셋째, 전시회에 대한 기록이 된다. 문득 어떤 작가가 떠오를 때면 가지고 있는 도록을 펼쳐보며 전시회에 갔던 날을 떠올리고 위로받는다. 넷째, 전시회 홍보 역할을 한다. 다섯째, 여러 그림을 한눈에 볼 수 있다.

개인 책 퇴고 중이었다. 시작할 때만 해도 금방 끝내고 출판사에 투고할 수 있을 거로 생각했다. 하지만 집중이 안 되니 원고를 덮어놓고 있었다. 마음 한편에는 숙제를 끝내지 못한 찝찝함이 가득했다. 한 달이면 다 끝날 줄 알았던 시간은 벌써 두 달이 다 되었다.

나보다 늦게 퇴고를 시작한 사람들의 출간계약 소식이 들렸다. 축하하는 마음보다 나를 비난하는 마음이 먼저 들었다. 다른 사람들은 잘하는데 나는 무슨 문제가 있어서 이 벽을 넘지 못하는지….

마음이 요동치기 시작했다. 몸에서도 신호가 왔다. 다리에 힘이 빠지고 두 다리를 짚고 서기가 힘들었다. 침대 프레임을 잡고 일어나 한참을 침대에 걸터앉아 있었다. 식탁에 있는 진통제를 먹었다. 빈속에 먹어서인지 약을 먹자, 속이 울렁거렸다. 냉장고에 얼려둔 베이글 하나를 꺼내 전자레인지에 2분 돌렸다. 베이글에 크림치즈를 바르고 열 번씩 꼭꼭 씹었다.

침대에 누워서 7시간 정도 잤다. 잠을 자도 원인 모를 불안감이 가시지 않았다. 유튜브를 보면서 시간을 보내도 소용이 없었다. 최근 10분 독서를 위해 선택한 『마흔에 읽는 쇼펜하우어』를 읽어도 불안감은 사라지지 않았다. 그러다 도록이 생각났다. 수레아 작가의 개인전 도록 두 개를 가지고 왔다. 밝은 노란색 표지가 벌써 내 마음을 가라앉혔다.

천천히 책장을 넘기며 그림을 보자 전시장에서 그림을 감상하던 시간이 떠올랐다. 그림 앞에서 한참을 바라보던 순간, 작가와 이야기를 나누던 시간으로 돌아간 것 같았다. 덩달아 입꼬리도 올라갔다. 도록 덕분에 불안감 위에 살얼음이 생겨 요동치던 마음이 잠잠해졌다.

퀘렌시아는 스페인어로 피난처와 안식처를 의미한다. 불안하고 힘들 때 마음의 안정을 찾을 수 있는 곳을 퀘렌시아라고 한다. 투우 경기장에서 투우사와 마지막 결전을 앞두고 소가 잠시 쉬는 곳에서 유래된 말이다. 나의 퀘렌시아는 좋아하는 그림이 있고, 그것을 편하게 감상할 수 있는 나의 집이다. 힘이 빠진 날 밖에서 지쳐 집으로 돌아와 침대에 누워 벽에 걸린 그림을 바라보는 것만으로도 마음이 차분해진다.

안정이 필요한 순간 나는 전시 도록을 꺼낸다. 위로가 필요할 때 도록을 통해 전시장에서 느꼈던 감동을 다시 경험한다. 주로 수레아 작가, 이재현 작가, 김선우 작가의 도록을 꺼내본다. 그림을 보고 있으면 마치 그림이 내게 말을 건네는 것 같다. '잘하고 있어!'라고 격려하고 '힘내!'라며 어깨를 토닥여 주는 듯하다.

도록을 덮으며 나는 깨달았다. 내 인생도 하나의 도록과 같다는 것을. 지금 내가 겪는 어려움, 미완성의 순간들, 그리고 작은 성취들이 모여 언젠가는 아름다운 한 권의 책이 될 것이다. 도록이 전시의 기록이듯 내 삶의 모든 순간은 소중한 기록이 된다. 그림이 도록 속에서 새로운 생명을 얻듯 나의 경험들도 시간이 지나면 더 깊은 의미를 갖게 될 것이다.

제4장

위로가 필요할 때 미술관에 간다

1. 본태박물관, 노란 호박에서 배운 행복한 선택

> **미술관에서 발견한 사유**
>
> 모든 행복과 불행은 내 선택에서 비롯된다. 내가 한 선택들이 모여 지금의 나를 만들었다. 더 이상 남 탓하지 않고 내 상황을 직시하며 행복을 선택해야 한다.

노출 콘크리트와 물방울 사이에서 새로운 나를 발견했다.

제주 본태박물관 입구에 서자마자 다른 세계로 들어선 느낌이 들었다. 안도 다다오의 서늘한 건축물과 한옥 처마의 묘한 조화가 시선을 사로잡았다. 내 마음속 번아웃증후군의 어둠과 희망의 빛이 공존하듯 이곳에서는 과거와 현재, 동양과 서양, 차가움과 따스함이 한데 어우러졌다.

오전 10시 20분, 예상보다 일찍 도착한 박물관 앞. 돌담으로 둘러싸인 경계에는 허리 높이의 화분들이 자리했다. 귤나무 몇 그루가 제주의 정취를 더했다. 박물관 건물이 보이는 순간부터 전시는 이미 시작되고 있었다.

돌담을 지나 안쪽으로 들어서자, 양쪽에 노출 콘크리트 벽이 나타났다. 그 뒤로, 웃는 얼굴의 하얀 치아처럼 콘크리트 틈 사이로 짧은 한옥 처마가 수줍게 고개를 내밀었다. 서늘한 콘크리트와 따스한 한옥 담장, 거친 듯 보이는 건물과 섬세한 담장의 대비가 호기심을 자극했다.

가장 인상적이었던 작품은 쿠사마 야요이의 〈호박〉이었다. 노란 호박 표면에 검은 물방울 패턴이 무한히 반복되는 이 작품은 작가의 아픈 어린 시절과 연결되어 있다. 창고에 있던 호박에 매료되어 애착을 가졌던 그녀의 상처가 예술로 승화된 것이다. 본태박물관의 노란 호박은 마치 그림에서 튀어나온 듯했다. 호박 뒤로 노란색 물방울 패턴들이 전시 공간을 감쌌다. 처음 작품을 보고 그 크기에 놀랐고 이어지는 물방울 패턴에 눈이 현기증을 일으켰다. 점들을 계속 보고 있으면 바닥이 흔들리는 느낌이 들었다. 오래 서 있을 수 없어 앞에 마련된 벤치에 앉았다.

평일 오후라 관람객이 적어 호박 앞 벤치에 오래 앉아 작품을 바라볼 수 있었다. 패턴을 응시하자 눈이 몰입되며 다른 세계로 빠져드는 듯했다. 쿠사마 야요이의 인터뷰가 떠올랐다. "나는 나를 예술가라고 생각하지 않는다. 유년 시절에 시작된 장애를 극복하기 위해 예술을 추구할 뿐이다." 마흔여덟 살부터 지금까지 정신병원에 입원해 있으면서도 병원을 스튜디오로 삼아 작품활동을 이어가는 그녀. 그녀의 삶은 번아웃증후군을 극복하고 싶은 내게 많은 질문을 던졌다. 나는 어떻게 이 감정과 상황을 극복할 수 있을까?

호박 속 검은 점들을 들여다보다 눈을 감았다. 번아웃증후군을 문제로 인식하고 해결법을 고민하니 답이 보였다. 과거의 행동을 반복할 것이 아니라 새롭게 시작해야 했다. 현재 상태를 벗어나려면 변화가 필요했다. 감정과 행동이 달라져야 했다. 내가 한 선택들이 모여 지금의 나를 만들었다. 더 이상 남 탓하지 말고 내 상황을 직시하며 행복을 선택해야 한다.

먼저 내 상태를 정확히 인식하고 되고 싶은 모습을 목표로 정했다. 땅속으로 파고들 것 같은 우울함과 무기력함에서 벗어나고 싶었다. 감정을 바꾸기 위해 그림 감상을 활용했다. 좋아하는 그림을 휴대전화에 저장해 수시로 봤다. 뇌에 각인시키는 마음으로 자주 들여다보니, 하루 중 가장 많은 대화를 나눈 상대는 그림이 되었다.

〈피안으로 가는 길의 동반자〉 전시 공간에서는 전통 상례 물건들이 있었다. 상여를 장식한 다양한 형태의 꼭두가 눈길을 끌었다. 유치원 시절 할아버지 장례식에서 본 꽃상여가 떠올랐다. 눈 내리던 날, 동네 사람들이 노래를 부르며 들고 가던 상여의 아름다운 기억이 선명했다. 삶과 죽음을 이어주는 통로인 상여를 보며 번아웃증후군으로 삶과 죽음의 경계에 서 있는 지금의 상황을 돌아보게 됐다.

어지러운 마음을 진정하기 위해 카페에서 차 한 잔을 들고 밖으로 나갔다. 근처 연못에는 연꽃이 피어있고 멀리 조각 작품이 보였다. 빛과 물, 건물이 하나로 어우러져 한 폭의 그림을 만들어 냈다. 나도 그 그림 속 인물이 되었다. 평화로운 순간, 연못 위 오리들의 날갯짓마저 즐거워 보였다.

본태박물관을 나서며 나는 더 이상 과거의 내가 아니었다. 쿠사마 야요이의 물방울 무한 반복 패턴처럼 내 삶도 반복되는 선택의 연속이었다. 모든 행복과 불행은 내 선택에서 비롯된다. 지금까지 내가 만들어 온 패턴을 돌아보고 이제부터 행복할 수 있는 새로운 선택을 할 용기가 생겼다. 번아웃증후군의 어둠 속에서도 내 삶의 주인공이 될 수 있음을 깨달았다.

제주의 푸른 하늘 아래 연못가에 서서 깊은숨을 들이마셨다. 쿠사마 야요이가 정신적 고통을 예술로 승화시켰듯 나도 번아웃증후군을 새로운 시작점으로 삼기로 했다. 오늘, 나는 나의 삶에서 관람객이 아닌 주인공이 되기로 결심했다. 노란 호박의 검은 물방울들이 가르쳐준 것처럼, 반복되는 일상에서도 나만의 행복한 패턴을 만들어 보겠다.

2. 제주도립김창열미술관, 물방울의 온기

> **미술관에서 발견한 사유**
>
> 제주도립김창열미술관에서 만난 물방울은 바라보는 위치, 시간, 장소에 따라 다른 모습을 보여주었다. 그 무엇도 영원히 그대로 멈춰있는 것은 없다. 시간이 흐르면 모두 변한다. 이 또한 지나간다.

  물방울의 춤에는 시간의 흐름이 있었다.

  영롱하게 빛나는 물방울이 공중에 머물다 중력에 몸을 맡기는 순간 시간이 멈춘 듯했다. 제주도립김창열미술관 빛의 중정에서 투명한 구체가 깨지는 그 찰나, 나는 깨달았다. 내 번아웃증후군의 고통도 이 물방울처럼 영원하지 않다는 것을. 제주의 햇살 아래 반짝이는 물방울들이 끊임없이 형태를 바꾸며 내게 속삭였다. '이 또한 지나간다.' 그 순간, 내 마음의 무거운 짐이 한 방울씩 녹아내리기 시작했다.

김창열 작가를 처음 알게 된 건 고등학교 때였다. 미술 선생님이 신문 경제면의 폭락하는 주식 기사를 보여주셨다. 그래프 위로 흐르는 물방울 그림이 있었다. "주식으로 손해 본 사람들의 눈물을 표현한 거야." 선생님의 설명에 놀랐다. 전혀 관련 없어 보이는 주식과 실패를 눈물로 연결하고 예술로 승화시킨 능력이 신기했다. 나도 다른 사람에게 신선한 영감을 주는 사람이 되고 싶었다.

제주 여행을 준비하며 미술관의 존재를 알게 됐다. 번아웃증후군으로 세상에 대한 불만과 울분만 쌓였지만, 울 기운조차 없었다. 누군가 대신 울어줬으면 했다. 신문지 위에서 흐르는 주식 투자자들의 눈물이 떠올랐다. 김창열 작가라면 나 대신 울어줄 수 있을 것 같았다.

미술관은 김창열 작가의 작품 기증으로 시작됐다. 빛과 그림자가 공존하는 물방울 작품을 모티브로 건축물이 지어졌다. 빛의 중정과 곶자왈 정원에서 작가의 세계가 제주의 자연환경과 만났다. 제주의 신비가 더해져 작품은 더욱 매력적으로 다가왔다.

전시장에는 다양한 물방울이 화폭에 맺혀 있었다. 한쪽에 치우쳐 흐르는 물방울, 화폭 전체를 적시는 물방울, 천자문 위를 흐르는 물방울, 번

져있는 물방울, 탱글탱글한 물방울까지. 물방울을 이렇게 다양하게 표현할 수 있다니! 빛의 위치에 따라 그림자의 색, 물방울의 색, 크기가 모두 달라졌다. 물방울 하나가 흐르는 것만 봐도 가슴에 막혔던 구멍이 뻥 뚫리는 느낌이었다.

〈물방울〉이나 〈회귀〉라는 작품명이 많았다. 〈회귀〉라는 제목의 화폭 속 눈물처럼 코로나19 이전으로 돌아가고 싶었다. 그러면 나를 짓누르는 죄책감이 사라져서 이 어둠에서 해방될 수 있을 것 같았다. 그림을 더 자세히 보고 싶어 회귀하는 물방울 앞에 가부좌를 틀고 앉았다. 떨어지는 물방울에 초점을 맞추고 계속 바라봤다. 물방울에 말을 거니 마치 나를 대신해 눈물을 흘리는 것처럼 보였다. 고요히 흘러가는 그 물방울 앞에서 내 감정도 조금씩 흐르기 시작했다. 물방울에서 온기가 느껴졌다.

한참을 전시장에 머물다 빛의 중정으로 나갔다. 복숭아뼈 높이의 맑은 물이 찰랑찰랑 흘렀다. 물속에는 조약돌들이 빼곡했다. 그 가운데 성인 여자 허리 높이의 돌 하나가 덩그러니 놓여 있었다. 표면은 만질만질한 대리석 느낌이었고 옆은 거친 질감 그대로였다. 돌 위에는 신생아 머리통만 한 물방울 하나, 그보다 작은 물방울 하나, 그리고 사과 크기의 물방울 하나가 유리로 만들어져 있었다.

돌 아래쪽 분수대에서 정해진 시간에 물이 나왔다. 물이 옆으로 퍼져 돌 위에 물방울들이 탱탱볼이 되어 춤을 췄다. 유리 물방울 위에 떨어져 깨지기도 하고 흘러내리기도 했다. 분수에서 나온 물방울을 가만히 바라보니 빛에 따라 무지개가 생겼다가 사라지기를 반복했다. 시간에 따라 물방울 모양이 변했다. 중정을 감싸는 길을 따라 걸으며 물방울을 바라보니 빛과 물의 변화가 끊임없이 이어졌다. 시시각각 변하는 모습에 눈이 즐거웠다.

한때 '내가 하는 일이 다른 사람을 괴롭히는 건 아닐까?'라고 고민했다. 이런 생각이 늘어날수록 무력감도 커졌다. 할 수 있는 건 이 시간이 빨리 끝나길 바라는 것뿐이었다. 퇴근 후 집에 오면 온갖 생각들에 아무것도 할 수 없는 날이 많았다. 세상을 불평하는 내가 싫었다. 그냥 세상이 빨리 끝났으면 싶었다.

영화 〈어벤져스: 엔드게임〉의 타노스 장면이 떠올랐다. 스톤을 다 모은 타노스가 손가락을 튕기자, 온 우주의 모든 생명 반이 사라졌다. 지금 여기도 타노스가 나타나 손가락을 튕겨주면 모두 해결될 것 같았다. 북한의 도발 기사를 본 날은 강경한 말만 하는 김정은이 원망스러웠다. 아무것도 중요하지 않았다. 괴로운 심정만 끝낼 수 있다면 뭐든 괜찮았다.

생각한다고 문제는 해결되지 않았다. 괴로움만 커졌다. 나는 스스로 깊은 구덩이를 파고 있었다. 감정들은 시간이 갈수록 쌓이고 더 단단해졌다. 그 결과 번아웃증후군에 걸렸다. 끝나지 않을 것 같던 시간은 병가로 평온해졌다. 매일 좋은 기운을 끌어당기는 일들을 했다. 작은 성공 경험하기, 독서하기, 긍정 확언하기, 명상 가이드에 따라 호흡하기, 그림 감상하기. 하다 보니 긍정의 힘을 주는 일은 많았다. 시간은 흐르고 상황이 바뀐다는 걸 알게 됐다. 계속 그대로 있는 것은 없었다.

제주도립김창열미술관을 나서며 나는 물방울의 지혜를 가슴에 담았다. 물방울은 형태를 바꾸며 끊임없이 변화한다. 때로는 단단한 구체로, 때로는 부서지는 파편으로, 때로는 흐르는 물줄기로. 내 삶도, 내 감정도 마찬가지다. 번아웃증후군의 고통도 영원하지 않다. 시간이 흐르면 모두 변한다.

이제 나는 힘든 순간이 찾아올 때 제주의 물방울이 전한 온기를 떠올린다. 그리고 마음속으로 되뇐다. '이 또한 지나간다.' 김창열의 물방울처럼 나도 끊임없이 형태를 바꾸며 성장할 것이다. 때로는 깨지고, 때로는 흩어지더라도 결국 나는 다시 흐를 것이다. 그것이 물방울이 내게 가르쳐준 따뜻한 지혜다.

3. 국립중앙박물관 사유의 방, 침묵이 주는 깊은 울림

미술관에서 발견한 사유

내 감정을 정확히 정의하지 못하면 문제의 원인을 알 수 없다. 불안을 키운다. 문제에 이름을 붙일 때 해결의 실마리가 보인다.

별빛이 내려앉은 어둠 속 두 존재가 천년의 침묵을 지키고 있었다. 한쪽 다리를 올리고 뺨에 손가락을 댄 채 깊은 사유에 잠긴 반가사유상. 그들의 고요한 미소를 마주한 순간 내 안의 혼란스러운 생각들이 잦아들었다. 내 불안에 이름 붙이는 순간 치유가 시작됐다.

국립중앙박물관 사유의 방. 둥그런 의자에 앉아 한쪽 발을 올리고 턱에 손을 괸 두 분의 반가사유상이 있다. '반가'는 한쪽 발을 올린 자세, '사유'는 생각한다는 뜻이다. 우리나라 국보이자 '신라의 미소'로 불리는 이 작품은 6세기 후반에서 7세기 전반에 제작됐다. 기계로 깎은 듯 섬세하면서도 날렵한 모습에 감탄이 절로 나온다.

루브르박물관의 〈모나리자〉처럼 국립중앙박물관을 대표하는 작품을 알리기 위해 만들어진 공간이다. 돌아가며 전시하던 반가사유상이 한자리에 모였다. "우리는 생각하는 대로 존재한다. 모든 것은 생각과 함께 시작된다." KBS1 다큐 인사이트 〈사유의 탄생〉에서 이 말로 반가사유상을 설명했다.

오랫동안 미뤄왔던 관람이었다. 수원에서 용산까지의 거리가 마음의 거리보다 가깝게 느껴졌다. 용산역에 갈 일이 있어도 핑계를 만들고 변명했다. 끝내지 못한 숙제처럼 남겨뒀던 '사유의 방' 관람은 〈합스부르크 600년〉 전시를 보러 오면서 실현됐다. 영상 속에서 나를 압도하던 반가사유상 앞에서 흔들리는 모습을 보이기가 부끄러웠기 때문이다.

사유의 방 입구는 어두웠다. 안으로 들어가자 시시각각 변하는 영상과 음악이 태초의 우주 창조 과정을 보여주는 듯했다. '둥둥둥' 클라이맥스 전 긴장감을 올리는 북소리가 울렸다. 어떤 모습의 반가사유상이 나를 기다리고 있을지 긴장됐다.

동그란 원 안에 성인 여자 키 정도의 공간을 두고 두 개의 단상이 있었다. 그 위 의자에 앉아 사유하는 두 분의 반가사유상이 자리했다. 한쪽 다리를 다른 쪽 다리 위에 올리고 손가락을 뺨에 댄 채 생각에 잠긴 자세. 반가부좌 자세지만 허리를 곧게 펴 균형감이 느껴졌다. 여간해서 흔들리지 않을 것 같은 안정감이 있었다. 얼굴에는 부드럽고 온화한 미소가 은은하게 번졌다. 눈썹은 부드러운 곡선으로 이어졌고 손가락과 발가락 모양이 섬세했다. 몸을 따라 자연스럽고 우아하게 흘러내리는 옷 주름이 몸과 하나로 보였다.

전시장 천장에는 어두운 하늘에 별들이 반짝였다. 붉은빛이 도는 단상과 벽에 있는 대지의 여신. 땅과 하늘 그 사이에서 반가사유상이 생각하고 있었다. 과연 무슨 생각을 하고 있을까? 내 고민을 대신하고 답을 줬으면 싶었다. 그들이 보여주고 싶은 것은 '생각에서 세상이 시작된다.'라는 메시지일까?

반가사유상을 바라보며 여러 생각이 스쳤다. 첫째, 인간의 존재와 삶에 대한 고민이다. 안내서에 따르면 반가사유상은 생로병사를 고민하며 깊이 생각하는 모습을 보여준다. 눈을 감고 깊이 생각하는 모습은 내 고민을 작게 느끼게 했다. 나의 삶과 세상을 위해 할 수 있는 일이 무엇인지 고민하게 됐다. 코로나19 업무로 생긴 번아웃증후군을 극복한 이야기를 책으로 쓴다면 누군가에게 위로가 될 수 있겠다는 생각이 들었다.

둘째, 반가사유상과 함께 명상하며 치유의 시간을 가질 수 있었다. 장소가 주는 고요함과 반가사유상의 은은한 미소는 모두 이해하는 듯해 마음을 편안하게 했다. 함께 호흡하니 모든 문제가 간단하고 해결될 것 같은 느낌이 들었다.

셋째, 반가사유상의 예술적 아름다움에 숙연해졌다. 균형 있고 섬세한 모습에 감탄이 절로 나왔다.

경험이 다양해질수록 상처가 늘었고 예민해졌다. 상처받지 않기 위해 세상을 보는 눈에 검은 렌즈를 끼웠다. 의심부터 하던 행동은 다시 상처로 돌아왔다. 이렇게 사는 것이 속상했다. 손끝, 미소, 옷 등 감탄을 자아내는 섬세함과 반가부좌로 앉아 생각하는 모습이 막연히 불안정하리라 생각했다. 하지만 생각에 빠진 반가사유상의 자세는 균형미와 안정감이 있었다. 섬세해도 균형을 잘 잡을 수 있다는 사실을 알게 됐다.

나는 생각이 많고 섬세한 사람이다. 그것은 항상 불안과 걱정을 한 몸처럼 데리고 살게 했다. 생각을 멈출 방법을 몰랐다. 내 감정을 정확히 정의하지 못하니 문제의 원인을 몰랐다. 그것은 불안을 키웠다. 문제에 이름을 붙일 때 해결의 실마리가 보인다. 코로나19로 번아웃증후군에 걸렸을 때 의사는 불안하고 우울한 원인을 '죄책감'이라고 정의했다. 우울함의 원인을 '죄책감'이라고 정의하니 벗어날 실마리가 보였다. 그 말을 듣는 순간 왜 불안한지 알 수 있었다. 내 불안의 정체에 이름을 붙이는 순간, 비로소 치유가 시작됐다.

사유의 방을 나서며 나는 반가사유상이 천년을 같은 자세로 멈춰있는 것에서 깊은 깨달음을 얻었다. 그 고요한 균형 속에서 내 삶의 균형점을 찾는 실마리를 발견했다. 섬세함이 약점이 아니라 강점이 될 수 있음을, 깊은 사유가 불안이 아닌 마음의 질서로 이어질 수 있음을 깨달았다.

이제 나는 내 감정에 이름을 붙이는 연습을 한다. 불안, 두려움, 죄책감, 분노, 기쁨, 평온함…. 감정을 명확히 인식할 때마다 내 마음은 조금씩 균형을 찾아간다. 반가사유상처럼 나도 한쪽 다리를 올리고 깊은 사유에 잠기더라도 흔들리지 않는 내면의 균형을 찾아가고 있다. 침묵 속에서 발견한 이 깨달음이 번아웃증후군의 어둠을 밝히는 작은 별빛이 되었다.

4. 수원시립미술관, 조각이 건네는 희망

> **미술관에서 발견한 사유**
>
> 내가 하는 모든 일은 나만의 조각이 된다. 어떤 모양을 만들지는 지금 하는 행동이 결정한다. 우리 모두 조각이 있지만 그것을 알아차리지 못하고 있을 뿐이다.

분홍빛 마시멜로 같은 자동차가 미술관 앞에서 나를 반겼다. 너무 살쪄 바퀴가 보이지 않는 이 우스꽝스러운 〈팻 카〉 앞에 서자 내 고정관념이 녹아내리기 시작했다. 에르빈 부름의 〈나만 없어 조각〉 전시장에 들어서는 순간 깨달았다. 내가 그토록 찾아 헤매던 예술이 사실은 내 일상에, 내 몸짓에, 내 선택에 이미 존재하고 있었다는 것을. 번아웃증후군으로 무감각해진 내 감각이 이 기발한 조각들 사이에서 다시 깨어나기 시작했다.

수원시립미술관에 붙어 있던 현수막이 출퇴근길 시선을 끌었다. 에르빈 부름의 〈나만 없어 조각〉. 그림 좋아하는 사람들이 모인 네이버 카페에서도 추천 글을 봤다. 제목을 보며 어떤 조각을 전시하고 있을지 궁금했다. 현수막을 볼 때마다 나만 없는 조각을 꼭 확인하고 싶었다.

집에서 미술관까지는 버스로 15분이다. 전시를 보러 가야지 싶다가도 막상 주말만 되면 침대에서 몸이 떨어지지 않았다. 늘어진 몸을 끌고 집 밖을 나서는 일이 피곤했다. 하루하루 미루다 보니 일주일 후가 전시 마지막 날이 됐다.

오늘 가지 않으면 휴가를 내서 전시에 가야 한다. 다음을 기약하는 것은 못 갈 가능성이 크다는 말이다. 답은 정해졌다. 오늘 바로 가지 않으면 이번 전시도 그냥 놓칠 수밖에 없다. 내 삶에 후회를 늘리기 싫었다. 서둘러 씻고 입던 원피스에 두꺼운 파카를 걸쳤다. '아무도 나를 안 볼 거야'라고 혼자 중얼거리며 엉겨 붙은 머리를 모자로 가렸다. 수원시립미술관으로 가는 버스가 있는 버스정류장으로 나갔다.

미술관 앞에는 폭신폭신한 마시멜로로 만든 것 같은 분홍 자동차가 그려진 현수막이 보였다. 찬바람에 서둘러 미술관 안으로 들어갔다. 줄을 기다리다 매표소 앞에 있는 수원시민 입장료 25% 할인과 전시설명 시간

안내문을 봤다. '앗싸! 신분증이 있으니 할인받을 수 있다.' 기대하지 않았던 행운이다. 30분 후 전시해설이 시작될 예정이라 전시장을 전체적으로 힌번 보고 설명을 들으면 될 것 같았다.

내가 전시를 즐기는 방법은 같은 작품을 세 번 보는 것이다. 첫째, 전시 설명서를 읽고 나만의 느낌으로 감상한다. 둘째, 전시설명을 들으면서 사람들과 함께 감상한다. 셋째, 처음 내가 들었던 느낌과 전시설명을 정리하면서 천천히 다시 관람한다. 이렇게 감상하면 작가의 작품을 더 잘 이해하고 교감할 수 있다.

에르빈 부름(Erwin Wurm)은 오스트리아의 현대미술가다. 조각, 설치미술, 퍼포먼스 등 다양한 형태의 작품에서 일상의 사물과 행동을 변형시켜 새로운 의미를 부여하는 것이 특징이다. 사회와 문화에 대한 비판적인 메시지를 전달한다.

전시는 3부로 구성됐다. 1부 〈사회에 대한 고찰〉에는 작가의 대표작인 〈팻 카〉가 있었다. 말 그대로 지방이 가득한 것처럼 살찐 차였다. 너무 살쪄서 바퀴가 보이지 않을 지경이다. 현수막으로 보던 그 차가 바로 〈팻 카〉였다. 우스꽝스럽게 부풀려진 차의 형태를 통해 현시대를 돌아보게 했다.

2부 〈참여에 대한 고찰〉은 작가를 국제적으로 유명하게 만든 〈1분 조각〉이 있다. 작가가 물건과 함께 조각되는 실험 작품이다. 관람객들이 작가의 행동을 따라 하며 조각이 될 수 있는 참여형 설치 조각이다. 무대 위에서 의자를 작가가 했던 모양대로 이리저리 들어봤다. 우스꽝스럽지만 조각된 모습을 사진으로 남겼다. 의자 들기, 통 안에 들어가기, 책상에 얼굴을 대고 옆 바라보기 등 다양했다.

마지막 3부 〈상식에 대한 고찰〉은 조각이 덩어리라는 고정관념을 버리게 하는 〈플랫 조각〉과 〈스킨 조각〉이 있었다. 조각의 형식적 한계를 뛰어넘는 시도를 보여줬다. 뼈마디 같은 골격만 있는 조각 작품과 캔버스에 그린 그림이 있었다. 캔버스 속 그림은 빵빵하게 바람이 들어간 글씨였다. 작가가 표현한 단어를 해석하기 위해서는 고도로 집중해서 글자를 살펴야 알 수 있다.

에르빈 부름의 〈나만 없어 조각〉 전시 관람을 통해 세 가지 깨달음을 얻었다.
첫째, 조각의 형태 파괴에서 내가 가진 고정관념을 인식하게 됐다. 나는 사회의 고정관념을 깨는 생각을 한다고 믿었다. 그런데 '작가의 행동도 하나의 조각이다.', '캔버스에 있는 그림도 조각이다.'라는 작가의 작품을 보며 고정관념을 버리지 못하고 있다는 것을 알았다.

둘째, 작품의 메시지에 대해 생각하게 됐다. 모든 작품에는 작가의 의도가 담긴 메시지가 있다. 에르빈 부름은 사회에 경종을 울리고 사람들의 긍정적인 변화를 유도하는 메시지를 제시했다. 〈팻 카〉를 통해 부풀려진 사회를 풍자했고 한편으로는 다이어트의 필요성을 알렸다. 내 뱃살은 어떻게 해야 할까?

셋째, 우리가 하는 모든 행위는 작품이다. 존재하는 모든 것들이 작품이 되고 일상의 모든 행동도 작품이 될 수 있다. 그래서 우리 모두 조각을 가졌다고 작가가 말한다. 내가 앞으로 만들어 갈 조각이 어떤 모습이면 좋을까? 어떻게 생각하고 행동해야 할까?

전시에 오기 전까지 책상 위에 있는 오뚝이 철수(〈짱구와 못 말려〉 짱구 친구)를 보면서 혼잣말하곤 했다. '나도 있어 조각.'

미술관을 나서며 모두가 자신만의 조각을 가졌다는 것을 깨달았다. 내 일상의 모든 순간, 모든 선택, 모든 행동이 하나의 조각 작품이 되고 있었다. 번아웃증후군으로 무기력했던 내 모습도, 침대에서 일어나 미술관으로 향했던 오늘의 결정도 모두 내 삶을 이루는 조각이었다.

에르빈 부름은 우리에게 말한다. 예술은 특별한 곳에만 있는 것이 아니라 우리의 일상에 이미 존재한다고. 가장 행복한 사람은 자신의 일상을 소중히 여기는 사람이다. 〈팻 카〉처럼 팽팽히 부풀어 오른 내 불안과 걱정들도 〈1분 조각〉처럼 일시적인 것을 안다. 내 삶의 조각은 내 손에 달려있다. 오늘부터 나는 내 삶의 조각가가 되어 매 순간 어떤 형태를 만들어 갈지 의식적으로 선택할 것이다. 그리고 내가 가진 것들에 감사하며 내 일상의 모든 순간을 조각하려고 한다.

5. 인터넷 미술관, 클릭 한 번으로 떠나는 여행

> **미술관에서 발견한 사유**
>
> 마음이 널뛰는 날이 많았다. 밖에서는 웃으며 이야기하지만, 집에 돌아오면 땅속으로 가라앉는 기분이 괴로웠다. 이런 기분을 피할 도피처가 그림이었다. 한 점의 그림에서 세상을 보고, 그림 속 꽃 한 송이에 행복을 얻는다.

우리 집 침대 위에 루브르박물관이 있다.

번아웃증후군으로 무거워진 몸은 집 밖으로 나갈 힘조차 없었다. 하지만 내 마음은 이미 파리의 루브르, 뉴욕의 메트로폴리탄, 서울의 국립현대미술관을 누비고 있었다. 침대에 누워 천장만 바라보던 날, 손가락 하나로 세계를 여행했다. 스크린 속 그림들이 내게 손을 내밀었고, 나는 그 손을 잡았다. 그 순간 내 침실은 세계에서 가장 넓은 미술관이 되었다.

마음이 널뛰는 날이 많았다. 밖에서는 웃으며 이야기하지만, 집에 돌아오면 땅속으로 가라앉는 기분이 괴로웠다. 이런 기분을 피할 도피처가 그림이었다. 기분에 따라 위로가 되는 그림은 달랐다. 많은 그림을 소장하고 싶었지만, 내가 가진 그림 한두 점으로는 부족했다. 미술관이나 갤러리에 가고 싶지만, 몸이 따라주지 않을 때는 침대에 누워 휴대전화로 그림을 봤다.

처음에는 인스타그램을 통해 좋아하는 작가의 그림을 봤다. 작품을 찍은 사진, 작가가 그림을 그리는 과정을 담은 영상들이 있었다. 작품 일부만 보일 때면 휴대전화를 이리저리 돌려보며 숨겨진 부분을 찾으려 했다. 좋아하는 그림을 보며 속이 확 뚫리는 시원함을 느끼고 싶었는데 답답함만 남았다.

네이버 카페를 통해 고은주 작가를 처음 알았다. 현대인의 불안 극복에 대한 희망을 부적처럼 그렸다. 작가 인스타그램에서 〈잠시, 행복〉 전시회 영상을 발견했다. 개인전 전시장이 그대로 구현되어 있었다. 벽면을 클릭하면 전시된 그림이 나오고, 그림을 선택해서 요리조리 움직이면 여러 각도에서 볼 수 있었다. 집에서도 전시장처럼 감상할 수 있다니, 그림 감상의 새로운 세계가 열렸다.

처음엔 그림 감상이 쉽지 않았다. 첫 번째 그림을 보고 싶은데 자꾸 다른 그림이 보였다. 커서가 원하는 방향으로 이동하지 않았다. 짜증이 나서 사이드를 닫고 노트북 옆을 주먹으로 '쾅' 쳤다. 마음이 진정되면 그림을 자세히 보고 싶은 마음이 슬슬 올라왔다. 몇 번의 시행착오 끝에 원하는 그림을 볼 수 있었다. 전시장에 있는 것처럼 그림이 홀로그램같이 펼쳐졌다. 〈애정부귀부〉와 같은 작품의 제목처럼 나의 불안이 줄어들었다.

인터넷 미술관에는 국립이나 시립에서 운영하는 곳, 개인이나 기업에서 운영하는 곳, 가상현실 기술을 활용한 VR 미술관 등이 있다. 위로가 필요한 순간, 직접 갈 수 없다면 인터넷 미술관에서 위로를 얻을 수 있다.

클릭 한 번으로 떠나는 인터넷 미술관의 장점은 명확하다. 첫째, 시간과 장소에 대한 제약이 없다. 인터넷만 된다면 어디서나 원하는 전시를 감상할 수 있다. 둘째, 작품을 감상하면서 마음의 안정을 얻을 수 있다. 그날의 감정과 닮은 그림을 감상하며 자신의 감정을 인식하면 위로가 된다. 셋째, 세계의 다양한 작품을 볼 수 있다. 세계 곳곳의 미술관과 갤러리 작품을 통해 더 넓은 세계를 경험할 수 있다.

회사 업무로 바쁜 날들이 이어졌다. 체력이 좋지 않으니, 주말이 되면 쉬어야 다음 주를 버틸 수 있었다. 나가고 싶은 마음이 있어도 '다음 주 업무에 영향을 주지 않을까.' 하는 걱정이 앞섰다. 집에서 쉬기로 한 날이 많았다. 마음에 봄바람 같은 활기라도 불어왔으면 했다. 이러지도 저러지도 못하는 사이에 노트북을 켰다. 미술관에서 올려둔 그림을 보고 설명을 찾아들었다. 그림을 한 번 바라보고 눈을 감은 채 오디오를 들으면, 내가 있는 곳이 곧 미술관이 된다.

항상 감정이 문제였다. 불안과 걱정을 달고 살았다. 쉽게 피곤해지고 우울해졌다. 한번 가라앉기 시작한 감정을 끌어올리기에는 단순한 것이 좋았다. 과거에는 이런 감정을 잊으려 잠을 자거나 생각하지 않아도 되는 유튜브 영상을 봤다. 아무 생각 없이 화면을 보고 있는 순간은 부정적인 감정을 숨길 수 있었다. 시간이 지나면 그 감정은 다시 올라왔다.

그런데 힘이 빠지고 마음이 요동칠 때 그림을 보면 달랐다. 많은 그림이 필요하지 않았다. 그 순간의 감정에 잘 맞는 그림 한 점이면 충분했다. 계속 그림을 보며 세세히 분석하고, 그림에 말을 걸고 공감하면 그림도 나의 마음에 공감해 주었다. 그렇게 시간이 지나면 요동치던 감정의 파도가 조금씩 진정되었다. 그림 앞에서 머무는 시간은 단순한 감상이 아니라 교감이었다. 한 점의 그림에서 세상을 보고, 그림 속 꽃 한 송이에 행복을 얻는다.

내일이 오지 않았으면 싶던 날이었다. 국립현대미술관 디지털미술관에서 장욱진 회고전 〈가장 진지한 고백〉 전시를 봤다. 전체 전시를 큐레이터가 설명해 주는 영상이었다. 작가의 그림과 삶의 이야기를 들으며 어둡던 마음에 꽃이 피었다. 스크린을 끄고 창밖을 바라보니 세상이 조금 달라 보였다. 인터넷 미술관을 통해 만난 수천 개의 그림들이 내 마음속에 작은 빛을 심어놓았다. 번아웃증후군으로 지친 내 영혼에 그림들은 조용히 속삭였다. "괜찮아, 넌 혼자가 아니야. 우리가 여기 있잖아."

치유의 여행은 멀리 떠나야만 하는 것이 아니다. 때로는 침대 위에서, 손가락 하나로 시작하는 여행이 가장 깊은 위로가 될 수 있다. 내일 또 마음이 널뛰는 날이 온다면, 나는 다시 인터넷 미술관으로 떠날 것이다.

6. 그림, 내가 틀릴 수도 있다

> **미술관에서 발견한 사유**
>
> 그림은 자살하는 현장이 아니었다. 작가를 도와준 사람들의 손길이 연결되고, 그들에 대한 고마움이 하늘까지 이어졌다. 같은 그림을 보고도 얼마나 다른 생각인가? 내가 틀렸다. 내가 처한 상황과 좁은 시야로 세상을 보고 판단하며 규정짓고 있었다.

   파란 탁자 위, 넘어진 머그잔에서 검은 액체가 흘러내리고 있었다. 그 위로 이어진 화분, 고깔, 그리고 마침내 천장에 매달린 한 남자. 그림 앞에 서자 내 심장이 멈췄다. 번아웃증후군으로 지친 내 눈에는 자살의 장면으로밖에 보이지 않았다. 그 순간 작가가 다가와 말했다. "이건 절망이 아니라 희망의 그림이에요." 한 문장으로 내 세계관이 무너졌다. 내가 확신했던 모든 해석이 틀렸다는 깨달음은, 번아웃증후군의 어둠보다 더 강렬한 충격이었다.

2022년 10월, 번아웃증후군의 여파는 지속됐다. 아무 예고도 없이 코로나19 업무를 하며 들었던 말들이 뇌리를 스쳤다. '사고가 나서 출근하지 않았으면 좋겠어요. 힘들어도 나와야죠. 다들 신규라 쉬면 마음이 불편해요.', '내가 뭘 잘못했는지 모르겠어요. 나는 열심히 일했을 뿐인데.' 흐느끼며 말하던 직원의 떨리는 말소리, 힘들어도 참는 것밖에 방법이 없는 상황에 대한 체념 섞인 한숨. 팔에 소름이 돋았다. 한꺼번에 밀려드는 기억에 아무것도 할 수 없었다. 그 기억들이 나를 고립시키고 무력감에 휩싸이게 했다. 그런 상황을 경험할수록 갤러리를 찾았다. 그림을 보면서 무기력했던 상황을 씻어낼 수 있었다.

이재현 작가 개인전 오프닝은 오후 3시에 시작했다. 몇 달 전부터 작가 그림을 갖고 싶어 했는데 이번이 기회였다. 내게 어떤 그림의 선택권이 돌아올지 오전부터 흥분한 상태였다. 점심을 안 먹어도 배가 불렀다. 정오가 되면 갤러리로 바로 출발해야 했다. 그런데 업무 전화로 통화가 길어지고 있었다. 수시로 눈이 시계로 갔다. 출발할 시간이 늦어진 만큼 초조해졌다.

갤러리 앞에 도착하자 택시 문을 열고 튀어 나갔다. 갤러리 입구에는 한 명이 기다리고 있었다. '아싸! 2번이다. 이제 내게 선택할 기회가 왔다.' 가지고 온 휴대용 의자에 앉아서 갤러리 안쪽에 있는 그림들을 들여다봤다. 어떤 그림을 선택할지 설렜다.

 드디어 입장. 내가 갖고 싶었던 아크릴 작품들은 다 팔렸다. 선택할 수 있는 것은 드로잉이었다. 여러 작품 중에 최대한 그림이 많이 그려진 〈로열캔〉을 골랐다. 로열캔 속에 있는 사람과 동물. 그 모습이 현재 내가 경험하고 있는 세상 같아서 그림이 측은했다. 원하는 그림을 고르고 나서야 편하게 그림을 감상할 수 있었다. 과거 작품과 분위기가 변했다. 항상 욕조에 발을 담그고 있던 주인공 모습도 달라졌다. 우울하고 암울하던 느낌이 조금 걷힌 것 같았다. 그림에서 따뜻한 온기가 느껴졌다. 특히 마음에 들었던 작품은 작가가 딸과 함께 밤 산책을 하는 그림이었다. 밤이지만 그들 앞에 빛이 비치고 새소리도 들리는 것 같았다. 동화 속 한 장면이 펼쳐졌다.

 평화로움이 깨진 것은 전시장의 코너를 돌았을 때였다. 네 개의 다리가 있는 파란색 탁자 위에는 화분 하나와 넘어진 머그잔이 있었다. 머그잔에서는 검은색 액체가 흐르고 있었다. 시선이 화분을 따라 올라갔다. 화분 위 세워진 파란색 고깔, 고깔 위 파란색 태슬, 그 위로 세워진 사람 얼굴과 캐릭터들. 그 끝에는 사람 한 명이 있었다. 그의 목에 감긴 줄은 천장과 연결된 상태였다. 시선이 그 남자에게 멈춘 순간 몸이 굳어서 움직일 수 없었다.

그때 나는, 내일 아침 눈을 뜨기 위해 오늘 하루를 살아냈다는 걸 스스로 증명해야만 했다. 관심도 없던 알트코인 채굴 버튼을 도장 찍듯 매일 눌렀다. 그래야 살 수 있을 것 같았다. 내게 그건 삶에 대한 의지이자 발버둥이었다. 내가 살아있다는 것을 채굴된 코인이 늘어나는 것으로 증명하려 했다.

그림 속 모습은 자살하는 사람 같았다. 죽음을 염려하고 있던 시기라 그림이 더 충격으로 다가왔다. 그림의 제목을 봤다. 〈작가의 자화상〉. 작가가 참 힘들었구나 싶었다. 작가에게 그림의 제작 의도를 묻지 않았다면 계속 그렇게 생각했을 것이다. 작가가 그림을 시작할 때 참 어려웠고, 죽음까지 생각할 정도의 위기였구나 하고 말이다.

작가에게 나의 감상평을 이야기하니 놀랬다. 작가는 가끔 외로웠던 순간을 떠올리며 그렸다고 했다. "살다가 지치고 힘든 상황, 죽고 싶다는 생각을 한 번쯤 했을 것 같다. 그럴 때 죽을 만큼 온 힘을 다해 살아내는 이유가 가족과 주변 사람의 행복을 지키기 위해서다. 친구들이 아래를 받쳐주고 함께하기 때문에 이 작품은 자살이라는 절망이 아니라 함께하는 희망을 그렸다."

그림은 자살하는 현장이 아니었다. 작가를 도와준 사람들의 손길이 연결되고, 그들에 대한 고마움이 하늘까지 이어졌다. 같은 그림을 보고도 얼마나 다른 생각인가? 내가 틀렸다. 자신을 스스로 합리적인 사람이라 생각했었다. 그런데 내 생각이 잘못될 수 있다니! 그 사실을 확인한 일은 충격이었다. 내가 처한 상황과 좁은 시야로 세상을 보고 판단하며 규정짓고 있었다.

다음 해 4월, 이재현 작가의 개인전에 다녀왔다. 내게 충격을 줬던 작품이 있던 자리에 80호 그림 한 점이 걸렸다. 마당 앞 잔디에는 평화로운 시간을 보내고 있는 주인공이 있었다. 어디선가 음악이 들려올 것 같은 한가로움. 전시 제목 〈Life is meaning(삶이 의미)〉처럼 일상의 평화로움과 행복이 많은 곳에 담겨 있었다.

이제 나는 세상을 바라볼 때마다 스스로 묻는다. "이것이 정말 내가 생각한 그대로일까?" 그림 속 자살 장면이 실은 희망의 메시지였듯이, 내 삶의 어두운 순간들도 다른 시각에서 보면 새로운 의미일 수 있다는 것을 알게 되었다. 번아웃증후군의 터널을 지나며 배운 가장 소중한 교훈은, 내가 틀릴 수 있다는 불완전함을 받아들이는 마음이었다.

7. 직소 퍼즐, 내가 완성한 명화

> **미술관에서 발견한 사유**
>
> 퍼즐을 맞추다 보니 빨리 완성하고 싶은 조급한 마음이 들었다. 모양이 비슷하다 싶은 자리에 조각을 억지로 구겨 넣었다. 퍼즐 끝이 문드러지고 말았다. 아름다운 작품을 만들기 위해서는 조급한 마음을 내려놓아야 한다.

 마지막 퍼즐 조각이 제자리를 찾는 순간, 내 손끝에서 클림트의 〈물뱀 1〉이 완성되었다. 1,000개의 조각을 하나씩 맞추며 보낸 시간 동안, 번아웃증후군으로 지친 내 마음도 조금씩 제자리를 찾아갔다. 오스트리아 미술관까지 갈 수 없어 갖지 못했던 명화가 이제 내 손으로 완성되어 내 방 벽에 걸려 있다. 퍼즐을 맞추며 깨달았다. 인생도 이와 같아서, 억지로 맞추려 할 때가 아니라 각 조각이 제자리를 찾을 때까지 기다릴 때 비로소 아름다운 그림이 완성된다는 것을.

일이 풀리지 않고 스트레스를 받을 때면 직소 퍼즐을 꺼냈다. 직소 퍼즐은 나무판 위에 그림을 그린 후 실톱(jigsaw)으로 잘라 퍼즐을 만든 것에서 유래됐다. 작은 조각들을 하나씩 맞추다 보면 어느새 하나의 작품이 완성된다. 집중하면서 근심을 잊고 퍼즐이 제 모습을 찾아가는 것에 성취감도 얻을 수 있다.

5년 전 클림트 그림 〈물뱀 1〉을 갖고 싶었다. 비싼 가격도 문제였지만, 감상하려면 그림이 있는 오스트리아까지 가야 했다. 가질 수 없는 답답함. 그러다 찾은 것이 다양한 명화 퍼즐이었다. 퍼즐은 조각의 위치를 찾고 정해진 자리에 놓는다. 이런 행위를 반복하는 것이 그림과 긴밀하게 교감하게 했다. 직접 그린 작가에게는 미치지 못하지만, 그림에 점을 찍듯 조각이 자기 자리를 찾는 기다림을 이겨내야 완성된다.

〈물뱀 1〉 퍼즐을 찾을 수 없어 처음 맞춘 퍼즐은 500조각의 명화 〈책 읽는 소녀〉였다. 따뜻한 햇살이 내리는 날 의자에 앉아 책을 읽고 있는 소녀의 모습이 평화로워 보였다. 평온하고 안정적인 모습 때문에 선택한 그림이었다. 그때 맡은 업무 중 하나는 방문건강관리사업으로, 폭염에 따른 온열질환자 발생 현황을 파악하는 일이었다. 온열질환자 현황 관리는 여름과 함께 시작해서 가을이 돼야 끝난다. 매일 48개 보건소 자료를 받아서 정리하고 중앙에 오후 3시까지 제출해야 했다. 오후 3시는 하루를 편히 쉬거나 일하기에 어정쩡한 시간이었다. 시작부터 부담스러웠는데 3주 정도기 넘어가니 미칠 것 같았다.

  마음이 하루에도 몇 번씩 오르락내리락했다. 그림 속 책 읽는 소녀에게 나오는 평온함이 부러웠다. 500조각이 너무 복잡하지 않을까 걱정하며, 탁자 위에 퍼즐을 펼쳤다. 퍼즐 맞추는 순간은 퍼즐에만 집중하니 복잡한 생각에서 벗어날 수 있었다. 시간이 갈수록 퍼즐 옆에 붙어 있는 시간이 늘어났다.

  그런데 문제가 생겼다. 같은 자세로 한두 시간씩 탁자 위 퍼즐을 내려다보고 있으니, 목이 뻣뻣해졌다. 목을 마음대로 뒤로 젖힐 수도 없어 몸통과 같이 움직였다. 목 통증이 심해지면 목을 잡고 침대에 가서 누웠다. 통증이 조금 가시면 다시 퍼즐 앞으로 몸이 움직였다. 퍼즐 앞에서 서성이던 7일째 되는 날, 퍼즐 그림이 상자 표지와 같은 그림으로 완성됐다. 명화를 직접 그린 것 같았다.

  퍼즐을 유약으로 고정할지 아니면 퍼즐 조각을 섞어서 다시 맞출지 고민했다. 내가 가진 불안을 붙잡듯 유약을 발랐다. 평화로운 소녀가 내 마음에 깃들기를 바랐다. 유약을 꼼꼼히 발라 고정하고 액자에 넣어 내가 잘 볼 수 있는 곳에 뒀다. 매일 오다가다 책 읽는 소녀를 보면서 고통의 시간을 이겨낸 나를 칭찬했다. 때로는 내가 그림 속 소녀가 된 것 같아 위안이 되었다.

〈책 읽는 소녀〉 퍼즐을 완성했던 기분 좋은 기억에 다시 스트레스받는 일이 생기면 좋아하는 그림을 찾아 퍼즐을 조립했다. 시간이 가자 500조각은 싱겁게 느껴졌다. 더 세밀하고 조각이 많은 퍼즐을 찾게 됐다. 주로 선택한 퍼즐은 1,000조각 명화 그림이었다. 퍼즐을 하면 다른 문제로부터 도망갈 수 있었다. 하나의 퍼즐이 들어갈 위치를 찾는 것에만 집중하기 때문이다.

나는 특히 황금빛 노란색을 좋아했다. 화려한 금색의 따뜻함이 안정감을 주기 때문이다. 금을 많이 사용한 황금의 화가 클림트 그림을 자주 선택했다. 〈만족〉, 〈아델레 블로흐 바우어의 초상〉, 〈키스〉, 〈물뱀 1〉, 〈물뱀 2〉 모두 클림트 작품이었다.

퍼즐을 맞추다 보니 빨리 완성하고 싶은 조급한 마음이 들었다. 모양이 비슷하다 싶은 자리에 조각을 억지로 구겨 넣었다. 퍼즐 끝이 문드러지고 말았다. 다시 마음을 가다듬고 여기저기 다른 위치를 맞춰보니 결국 제자리를 찾게 되었다. 아름다운 작품을 만들기 위해서는 조급한 마음을 내려놓아야 한다. 여유야말로 성장과 성취의 기본이다. 인생도 마찬가지다. 서두른다고 해서 되는 일이 있을까. 때로 마음이 급할 때가 있다. 빨리 성과를 내고 싶을 때도 적지 않았다. 서두를 때마다 일은 꼬이고 문제는 커졌다.

퍼즐은 쉽게 맞추기 위해 가장자리부터 시작한다. 비슷한 색깔, 특징적인 요소를 먼저 찾는다. 이런 규칙은 인생에도 통한다. 무작정 덤벼드는 것보다, 주변을 살피고 순서를 정하면 조금 더 나은 방향으로 나아갈 수 있다.

오늘도 나는 1,000개의 조각을 하나씩 맞추며 인생의 퍼즐을 완성해 간다. 번아웃증후군으로 흐트러졌던 내 마음의 조각들이 이제 하나둘 제자리를 찾아가고 있다. 때로는 맞지 않는 조각을 억지로 끼워 넣으려 애쓰기도 하지만, 곧 깨닫는다. 모든 조각에는 정확히 맞는 자리가 있다는 것을. 그리고 그 자리를 찾는 데는 시간이 필요하다는 것을.

내 방 벽에 걸린 클림트의 〈물뱀 1〉을 바라보며 미소 짓는다. 내가 직접 완성한 이 명화는 단순한 그림이 아니라, 인내와 집중, 그리고 기다림을 가르쳐 준다. 내가 가진 퍼즐 조각을 내 인생에서 가장 적당한 자리에 놓으려 한다. 나는 나에게 시간을 허락하기로 했다.

8. 비엔날레,
　　동시대 예술이 건네는 뜻밖의 위로

> **미술관에서 발견한 사유**
>
> 모든 작품에는 작가만의 메시지가 담겨 있다. 작품의 메시지는 관람자가 처한 상황에 따라 다양하게 해석될 수 있다. 예술은 우리 영혼을 일상의 상처로부터 보호해 준다.

거대한 원시림 속으로 들어선 순간, 나는 더 이상 한국이 아닌 다른 차원에 있었다. 천장에서 내려온 다양한 색상의 동아줄 사이로 알 수 없는 주술적 노래가 흘러나왔다. 어둠 속에서 빛나는 물웅덩이에는 바다에서 춤추는 여인의 영상이 일렁였다. 번아웃증후군으로 지친 내 영혼이 광주비엔날레에서 뜻밖의 위로를 만났다.

비엔날레는 이탈리아어로 '2년마다'라는 뜻이다. 전 세계 작가들이 개인 자격으로 참가해 동시대 현대미술을 선보이는 국제 미술전이다. 부모

님 댁에 가려면 광주에서 시외버스를 갈아타야 했다. 수원에서 오전 7시 버스로 출발해 3시간 만에 광주에 도착했다. 막차 시간이 신경 쓰였지만, 큰마음 먹고 나선 길이었다. 나는 여러 작품을 훑어보기보다 한 작품을 충분히 오래 보는 것을 선호한다. 마음에 드는 작품을 발견하면 그 앞에서 20~30분을 가만히 서 있곤 했다.

택시를 타고 비엔날레 주 전시장에 도착했다. 〈물처럼 부드럽고 여리게〉라는 제목이 눈에 들어왔다.
이번 전시에서 인상적이었던 작품이 몇 개 있었다.

첫 번째 작품은 블레베즈웨 시와니 작가의 〈여신강림〉이었다. 전시장은 원시림을 옮겨놓은 듯했다. 바닥 여기저기에 흙이 있고, 관람로는 오솔길처럼 구불구불했다. 큰 나무들 사이로 여러 색이 섞인 두꺼운 밧줄이 아래로 늘어져 있었다. 들어갈수록 어두워져 미지의 세계로 향하는 기분이었다.
알 수 없는 언어의 기묘한 노래가 멀리서 들렸다. 어둠 속 작은 빛들이 더욱 크게 보였다. 노랫소리를 따라 끝자락에 도착하니 사각형 수조에 물이 채워져 있었다. 물속 바닥에서 영상이 돌아가고 양쪽 끝에 의자가 놓여 있었다.

한 화면에서는 여자가 바닷가 모래사장에서 손가락을 섬세하게 움직이며 춤을 췄다. 누구를 부르는 듯한 음악이 은은하게 울렸다. 음악이 나의 마음을 자극했다. 다른 화면에서는 바다에서 한 여자가 손을 부드럽게 흔들며 춤을 췄다. 하늘에 기도하는 듯한 주술적 행위였다. 작가는 죽은 자와 산 자의 세계 사이에 존재하는 영적 치유자인 상고마의 전수자였다. 물속 영상과 벽의 영상을 함께 보고 있으니 내 마음의 근심도 씻기는 것 같았다.

두 번째는 차이자웨이 작가의 〈나선형 향 만트라-반야심경〉이었다. 전구를 중심으로 대형 모기향이 아래로 늘어진 모습이다. 2미터 정도 원형의 향나무 작품에 작가가 반야심경을 적었다. 과거 비엔날레에서 향을 태우는 퍼포먼스를 했다고 했다. 반야심경이 기록된 거대한 향이 전시 동안 타서 아무것도 남지 않게 된다니, '공(空) 사상'을 가장 잘 표현한 것 같았다. 공사상은 인간을 포함한 일체 만물이 직접적 원인인 '인(因)'과 간접적 원인인 '연(緣)', 즉 인연에 의해 생겨났고 인연에 의해 변할 뿐, 고정불변하는 실체가 없다는 불교의 근본 교리다. 세상살이가 힘든 날이 많았던 나에게 '무(無)'의 상태는 간절한 소망이었다.

세 번째는 엄정순 작가의 〈코 없는 코끼리〉였다. 철 파이프 골조 위에 수천 장의 철판을 조립하고 섬유 조각으로 외피를 감싼 설치작품이다. 대형 코끼리 네 마리가 있었다. 흰색과 녹색 코끼리는 코도 꼬리도 없었다. 한 코끼리는 코만 있었고, 다른 하나는 코끼리라고 생각할 수 없는 모습이었다. 관객들이 작품을 만져보고 경험할 수 있다.

시각장애 학생들이 청각, 후각, 촉각으로 느낀 코끼리를 조형물로 재해석한 작품이었다. '장님 코끼리 만지듯 한다.'라는 말이 실현된 작품이다. 코끼리 어느 부위를 만지느냐에 따라 모양은 다르게 인식될 수 있다. 삶도 마찬가지였다. 내가 지금의 문제를 어떻게 보느냐에 따라 세상은 지옥과 천국으로 달라질 수 있다.

비엔날레에서 만난 이 세 작품은 각각 주술, 무상, 인식의 전환이라는 키워드로 내 번아웃증후군을 어루만졌다. 동시대 예술의 실험적 언어가 건넨 위로가 내게 스며들었다. 주술적 춤사위는 내 마음의 긴장을 풀어주었고, 타오르는 향의 무상함은 번아웃증후군이 곧 끝나리라는 것을 알려주었으며, 코 없는 코끼리들이 내 관점의 한계를 일깨워 주었다. 모든 작품에는 작가만의 메시지가 담겨 있다. 작품의 메시지는 관람자가 처한 상황에 따라 다양하게 해석될 수 있다. 현대 예술의 실험적 언어는 내 상처에 바르는 신비로운 연고가 되었다.

예술은 우리의 영혼을 일상의 상처로부터 보호해 준다. 하루에 몇 번씩 상처받고 괴로웠던 나에게 비엔날레의 작품들은 예상치 못한 치유의 손길을 내밀었다. 낯설고 이해하기 어려운 현대 예술에서 우리는 때로 깊은 위로를 받는다.

제5장

내면의 힘을 얻다

1. 너는 내 운명: 그림과의 특별한 만남

> **미술관에서 발견한 사유**
>
> 언제나 간절함은 통한다. 간절함은 마음만으로는 부족하다. 마음에 행동이 더해져야 한다. 매일 아침 내면의 힘을 가진 호랑이 두 마리와 시선이 마주친다.

어둠이 채 가시지 않은 새벽 4시 알람 소리에 눈을 떴다. 심장이 빠르게 뛰었다. 오늘은 그날이었다. 내 운명의 그림을 만나러 가는 날. 번아웃증후군으로 지친 내 영혼에 힘을 불어넣어 줄 호랑이를 만나러 가는 날이었다.

2022년 5월 8일 새벽 4시였다. 병가가 끝나고 사무실로 복귀한 지 2주가 지났을 때였다. 어제 챙겨둔 것들을 다시 확인했다. 집 주차장에서 차 주위를 한 바퀴 돌며 타이어를 발로 툭툭 쳐봤다. 서울까지 운전하는 것이 걱정되어 일주일 전 차량정비소도 다녀왔다. 타이어 공기까지 빵빵하게 채웠다.

오전 10시 오픈까지 갤러리 밖에서 편안하게 기다릴 수 있게 핫팩 세 개와 보조 의자를 챙겼다. 빠르게 씻고 음식을 가방에 넣었다. 생수 한 병, 밤양갱 세 개, 바나나 두 개. 먼저 바나나부터 먹었다. 바나나만큼 열량을 급격히 올려주는 것은 없었다. 비가 온다고 했다. 휴일이라 먼저 와서 기다리는 사람이 있을까 싶어 마음이 조급해졌다. 출발 전 차를 한 바퀴 돌아본 뒤 트렁크를 주먹으로 쾅 쳤다. 추운 날씨에 고양이가 차 엔진에 들어갈 수도 있다는 말이 생각났다.

갤러리 근처 공용주차장은 주말에 무료였다. 아직 6시가 되지 않아 편한 자리를 선택할 수 있었다. 주차 걱정은 기우였다. 간식과 간이 접이식 의자, 핫팩을 들고 내렸다. 갤러리에 가까워질수록 대기하는 사람이 몇 명일지 심장이 두근거렸다.

오늘이 어버이날이었다. 시골에 내려갈 수 없어 전시회에 왔지만, 마음이 불편했다. '이 체력으로 하루 만에 거기까지 갈 수 없어.' 스스로 변명했다. 다행히 갤러리 앞에서 기다리는 사람은 없었다. 이 사실이 마음을 더 불편하게 했다. 다른 사람들은 어버이날 가족과 함께 시간을 보내느라 못 온 것 같았다.

날씨까지 우중충했다. 노란색 큰 달항아리 안으로 토끼 하나가 쏙 들어가고 있는 그림이 갤러리 2층에 걸려 있었다. 좋아하는 색이었다. 전시장에는 어떤 그림이 있고 무슨 그림이 내게 올지 설렘이 가득했다.

시간이 많으니, 인증사진도 여러 장 찍었다. 입구 문 앞에 짐을 두고 이리저리 다니며 그림들을 구경했다. 30분이 지나자, 남자 한 명이 왔다. 사람들이 조금씩 늘어나기 시작했다. 그림 수집을 취미로 하는 사람들과 이야기는 처음이었다. 최근 관심 작가는 누구인지, 수레아 작가의 그림은 어떤 점에서 매력적인지, 왜 좋아하게 됐는지 등 궁금하던 것들이 끝도 없이 이어졌다. 오가는 말에 모든 신경이 집중됐다. 전시회 오프닝이 어버이날에 비까지 와서 다행이라고 했다. 간혹 유명 작가의 오픈런은 전날 오후부터 시작되기도 한다고 알려줬다.

수레아 작가의 작품을 이번에 가질 수 있을지 걱정됐다. 갤러리에 전화해서 몇 시쯤 가면 작품을 살 수 있을지 몇 번 물어보기도 했다. 작품 구매 문의가 여럿 있었다는 말에 더 긴장됐다. 초조했던 마음은 내가 갤러리 맨 앞에 서게 된 순간 없어졌다. 대신 다른 고민으로 바뀌었다. 일찍 온 순서대로 작품 선택의 기회를 준다. 어떤 작품을 선택해야 후회하지 않을지가 가장 큰 고민이었다.

갤러리에 익숙하지 않은 나는 그림 구매 자체가 큰 도전이었다. 집에서 출발했을 때는 스케치북 크기의 6호 그림을 살 계획이었다. 달항아리로 들어가는 토끼가 있는 그림. 사람들의 이야기를 들어보니 작품을 온전히 선택할 기회는 흔하지 않았다. 나중에 후회하지 않을 선택을 해야 했다. 허리띠를 졸라서라도 20호 작품을 사기로 했다.

처음 선택했던 작품은 이미 구매자가 정해져 있었다. 그래서 선택한 작품이 〈내면의 힘〉이었다. 항상 불안과 걱정을 달고 살았다. 더 이상 이런 흔들리는 마음을 갖고 싶지 않았다. 이 그림이 있다면, 이 호랑이만 있다면 나도 마음이 단단해질 것 같았다. 매일 인스타그램으로 보던 〈내면의 힘〉에 대한 갈망의 파동이 커져서 다시 내게 온 것이다. 이제 나는 힘만 내면 된다.

전시가 끝나고 갤러리에서 직접 그림을 받기로 했다. 집 밖을 나갈 이유를 만들어야 했다. 갤러리에 간 김에 다른 전시도 보고 오면 심리적 안정에도 도움이 될 것 같았다. 서울까지 운전해 가는 것이 걱정이지만 한

번 해봤다고 불안감이 줄었다. 이번에는 갤러리 오픈 시간에 맞춰 도착할 수 있게 출발했다.

공영주차장에는 주차할 공간이 없었다. 갤러리 주위를 네 번 돌았다. 운이 좋게 내 바로 앞 주차장에서 빠져나가려는 차가 있었다. 근처에서 대기하다 무사히 주차할 수 있었다. 그림을 받으니 뭉클한 감정이 들었다. 나는 이제 〈내면의 힘〉을 가진 사람이 되었다.

매일 아침 내면의 힘을 가진 호랑이 두 마리와 시선이 마주친다. 왜 호랑이 두 마리냐고? 힘든 시간을 나오게 했던 새끼 호랑이 그림이 그사이 우리 집에 왔다. 언제나 간절함은 통한다. 간절함은 마음만으로는 부족하다. 마음에 행동이 더해져야 한다. 새끼 호랑이기 새로운 주인을 만났지만 나는 여전히 호랑이를 그리워했다. 매일 작가 인스타그램에 있는 호랑이를 찾았다. 그러다 우연히 호랑이가 내게 왔다.

오늘도 내 방 벽에 걸린 두 마리 호랑이는 나를 바라본다. 그들의 눈빛에서 나는 나 자신을 본다. 번아웃증후군으로 흔들리던 내 영혼이 이제는 조금씩 단단해지고 있다. 간절함과 행동이 만나 이루어 낸 이 특별한 만남은 내 삶의 전환점이 되었다.

2. 화가를 만나다, 예술가의 열정과 영감

미술관에서 발견한 사유

예술가의 작업실을 보는 것은 작가의 영혼을 들여다보는 일과 같다. 과거 작품부터 진행 중인 작품까지, 작가 화풍의 변화를 한눈에 볼 수 있다. 작가와 관람자가 함께 이야기를 나누고 공유하는 시간은 서로의 농축된 시간을 나누는 위로의 시간이다.

예술가의 세계로 들어갔다. 알록달록 색칠된 돌이 놓인 작업실 입구에 서자 심장이 빨라졌다. 문을 열고 들어서는 순간 수레아 작가의 목소리가 들렸다. 그의 창작 세계 중심에 첫 번째로 초대받았다. 이곳에서 나는 단순한 관람자가 아닌, 예술가의 영감과 열정이 숨 쉬는 공간의 증인이 되었다.

"오예! 다시 1번이다."

수레아 작가의 오픈 스튜디오가 있는 날이었다. 저녁 9시 첫 공저 『그 한

마디가 나를 살렸다』 저자 특강도 예정되어 있었다. 처음 하는 저자 특강이라 전날부터 긴장됐다. 오전 6시부터 발표 연습을 하며 자료를 고쳤다. 몇 번 대본에 맞춰 영상을 녹화하고 돌려보기도 했지만, 진척은 더뎠다.

'아쉽지만 수레아 작가 오픈스튜디오는 포기해야 할까?'하는 생각도 들었다. 좋아하는 작품이 탄생한 곳, 작가의 작업실을 보고 싶었던 간절함을 생각하면 쉽게 포기할 수 없었다. 작업실 방문을 마친 후 줌 특강을 할 수 있는 장소로 호텔과 스터디 카페를 이용할지 고민했다. 조금만, 조금만 하면서 특강 시나리오를 다듬다 보니 출발이 늦었다. 수원에서 수레아 작가 작업실까지 대중교통으로 2시간 조금 더 걸렸다. 택시 안에서 특강 연습 영상을 돌려보며 발표를 가다듬었다. 오후 2시 14분, 조금 늦은 시간에 도착했다.

택시에서 내려 작업실을 찾아 두리번거리는데 수레아 작가 팬클럽 2호님이 막 도착했다. 인사를 나누고 그가 차 안을 살피는 시간이 길어지자 먼저 스튜디오로 올라갔다. 입구에는 오픈스튜디오를 알리는 안내문이 붙어 있었다. 문 앞 물감이 칠해진 돌이 있었다. 역시 수레아 작가 작업실답다. 2층 작업실로 올라갔다. 안으로 들어가서 양옆으로 고개를 돌리니 '아~악' 소리치고 싶은 작품들이 있었다. 예쁘고 좋은 작품들이 모두 여기 있었다. 오픈스튜디오를 준비하던 클램프 갤러리 장 대표와 수레아 작가가 나왔다. 반갑게 맞아줬다.

스튜디오 안쪽으로 들어가서 눈을 크게 뜨고 두리번거리고 있자, 2호 님이 들어왔다. 수레아 작가가 오늘도 내가 일 번이라고 했다. 스튜디오는 유튜브 '공셸TV'에서 봤던 그대로 모습이었다. 2층에 있는 고양이 춘삼 씨까지.

전시된 그림은 일본 긴자에서 전시할 그림들이었다. 일본 관람자의 취향을 고려해서 작은 작품이 여럿 있었다. 화풍의 변화에 놀랐다. 급격히 변하는 작품 스타일이 염려스러웠다. 관람자들이 작품을 충분히 즐길 수 있는 시간을 주고 작품이 변해야 하는 것은 아닐까? 하지만 전체 작품을 찬찬히 보니 변화는 단절이 아닌 흐름이라는 걸 알게 됐다. 과거와 현재의 연결, 작가의 고민과 흔적이 그림에 고스란히 남아 있었다. 눈앞에 고민하면서 그림을 그리는 모습이 펼쳐진 것 같았다.

예술가의 작업실을 보는 것은 작가의 영혼을 들여다보는 일과 같다. 과거 작품부터 진행 중인 작품까지, 작가 화풍의 변화를 한눈에 볼 수 있다. 작가와 관람자가 함께 이야기를 나누고 공유하는 시간은 서로의 농

축된 시간을 나누는 위로의 시간이다.

　작가를 만나기 가장 좋은 방법은 전시가 시작하는 날 오프닝에 가는 것이다. 오프닝은 갤러리에서 작가의 전시를 소개하고 축하하는 자리다. 갤러리에 따라 전체 공개로 진행되기도 하고 특정인을 초대하여 진행되기도 한다. 특정인은 예술 관계자와 컬렉터, 작가의 지인 등이 있다. 오프닝 행사는 갤러리마다 진행하는 방법이 다르다.

　기억나는 오프닝 행사로 몬트 작가의 '너와 나의 우주'라는 즉석 드로잉 이벤트가 있었다. 선착순 갤러리 방문자와 작가가 함께 작품을 만들어 가는 행사였다. 작가는 에너지의 파동을 주제로 작품활동을 하는데 파동의 형태를 보여주는 회화와 소리를 들려주는 설치작품이 있다.

　내가 만든 〈너와 나의 우주〉는 파란색 아크릴물감으로 밑 작업이 된 15센티미터의 정사각형 캔버스 위에 흰색 물감을 짰다. 크고 섬세한 것을 좋아하는 성격 탓에 큰 파동을 만들고 싶었다. 처음 하는 작업이라 하얀색 아크릴물감을 빨대로 부는 것이 마음처럼 안 됐다. 가운데 중심을 기점으로 파동이 옆으로 퍼지며 균형 잡힌 꽃이 돼야 했다. 하지만 기울어진 파동이 되고 말았다. 다음은 몬트 작가의 차례였다. 금빛 노란색에 안정적인 파동이 만들어졌다. 다섯 개의 파동 모양은 다 달랐다. 작가와 함께 만든 작품으로 새로운 추억 하나가 생겼다.

예술가의 세계에 초대받은 이 경험은 단순한 방문이 아니었다. 창작의 신비로운 과정에 동참하는 여행이었다. 작가와 나눈 대화, 함께 호흡한 공간, 그리고 그의 작품 속에 담긴 시간의 흐름이 내 영혼에 활력을 불어넣었다. 번아웃증후군으로 지친 내 마음이 예술가의 열정과 만나 치유되었다. 예술은 단순한 감상의 대상이 아니다. 서로의 영혼이 만나 위로와 영감을 주고받는 시간이다.

3. 명상하는 사람들이 있는 곳 보물섬

미술관에서 발견한 사유

진창에서 허덕이는 듯한 시간은 매립이 아닌 성장을 위해 꼭 필요한 파종의 시간이었다. 파종과 매립은 모두 땅속에 들어가는 일이다. 하지만 결과는 전혀 다르다. 시작과 끝, 생성과 소멸의 차이다.

숨이 막혔다. 쇄골 앞에서 공기가 튕겨 나오는 느낌이었다. 번아웃증후군으로 지친 내 몸은 깊은숨조차 허락하지 않았다. 그때 보물섬에서 온 초대장이 도착했다. 매일 명상하는 사람들의 모임이었다. 이곳이 내 영혼의 숨구멍이 되어주었다. 진창에 빠진 듯한 내 삶이 사실은 파종의 시간이었음을 깨달았다. 보물섬에서 나는 다시 숨 쉬는 법을 배웠다.

보물섬은 자기 계발 카페에서 시작된 명상 모임이다. 부자 습관으로 명상을 선택한 사람들이 6개월간 함께하며 힐링을 경험했다. 이 시간이 계속되길 바란 참석자들의 요청으로 새로운 카페가 만들어졌다. 모두가 자신만의 보물을 발견하자는 의미로 '보물섬'이라는 이름이 붙었다.

보물섬의 운영 방식은 간단했다. 한 명씩 돌아가며 매일 명상을 추천하고 매월 독서 모임을 한다. 카페지기가 매일 명상 가이드를 올려 공유했다. 새로 올라온 명상을 하기도 하고 끌리는 명상을 선택하기도 했다.

10여 년 전부터 명상에 관심이 있었지만, 지속하기 어려웠다. 카페지기의 명상이 좋았던 이유는 상업적이지 않았기 때문이다. 참석자들을 위하는 마음으로 고민해서 만든 대본이 고스란히 느껴졌다. 책에서 좋은 부분을 발견하면 그 이야기를 녹여 새로운 가이드를 만들었다. 잔잔한 목소리와 가슴을 뭉클하게 하는 메시지가 '나도 할 수 있다.'라는 희망을 주었다.

상상 속 나는 책을 많이 읽는 사람이었다. 하지만 현실은 달랐다. 한 달에 한 권 읽기도 어려웠고 다른 사람들과 비교하며 위축되었다. 보물섬 독서 모임을 시작하며 욕심을 버렸다. 다른 사람의 속도에 맞추지 않고 내가 할 수 있는 만큼만 하기로 했다.

하루에 한 페이지 이상 책 읽기. 2023년 목표 중 하나였다. 한 페이지는 부담이 없었다. 책 읽는 습관이 생기니 한 페이지가 30분이 되는 날도 있었다. 기분이 안 좋은 날은 한 페이지만 읽어도 된다는 사실에 얼마나 안도했는지 모른다. 매일 책을 읽으니, 자신감이 붙고 재미도 생겼다.

자신감을 준 첫 번째 책은 류시화 작가의 『좋은지 나쁜지 누가 아는가』였다. 책의 모든 말이 마음을 흔들었다. '사실 그때 우리는 어둠의 층에 매장된 것이 아니라 파종된 것이다.'라는 글이 내 어깨를 포근히 안아주었다. 번아웃증후군에서 벗어나려 발버둥 치던 시간을 다르게 보게 했다. 진창에서 허덕이는 듯한 시간은 매립이 아닌 성장을 위해 꼭 필요한 파종의 시간이었다. 파종과 매립은 모두 땅속에 들어가는 일이다. 하지만 결과는 전혀 다르다. 시작과 끝, 생성과 소멸의 치이다. 끝나야 비로소 다시 시작할 수 있고 비워야 다시 채울 수 있다는 깨달음을 얻었다.

독서 모임에서는 명상 방법도 공유했다. 내가 자주 했던 질문은 "숨이 끝까지 내려오지 않아요. 어떻게 하면 깊은숨을 쉴 수 있을까요?"였다. 명상에서 호흡은 아주 중요하다. 어떤 이는 명상의 전부가 호흡이라고 했다. 급한 성격 탓에 명상하면 숨이 자주 가빴다. 코로 들이마시고 천천히 내쉬려 해도 급한 마음이 얕은 숨을 만들었다.

그러다 코로 들이마시고 입으로 내쉬는 것이 내게 가장 잘 맞는다는 것을 알게 되었다. 천천히 코로 숨을 들이마셔도 쇄골 근처에서 막히는 느낌이 들었다. 목과 쇄골 사이 얇은 막이 숨의 흐름을 방해하는 것 같았다. 큰 숨이 쇄골 앞에서 튕기면 미약한 공기만 아래로 내려갔다. 답답했다.

지금도 숨이 끝까지 내려오지 않는다. 심리적 문제 때문일 것이다. 명상에 욕심을 부리지 않기로 했다. 숨 쉬면서 내가 지금 여기 있다는 사실을 알아차리는 것에 만족하기로 했다. 항상 안고 사는 불안감이 조금 진정되어야 내 숨도 편안해질 것 같다.

보물섬 독서 모임은 책을 읽고 각자의 경험을 더해 이야기한다. 그중 잘 활용하고 있는 것이 2가지 있다. 하나는 '나는 행복하다. 나는 풍요롭다. 까짓것 못할 게 뭐야! 나는 참 운이 좋은 사람이다.'라는 확언이다. 『부자의 시크릿』에서 알려준 부자가 되는 비밀이라고 했다. 다른 하나는 '아. 이. 는.'이라는 말이다. 입꼬리를 올려 더 자주 웃을 수 있게 해주는 실천법이다. 단어에 이질감도 없었다. 그래서 '아. 이. 는.'에 뒷말을 붙여 보기도 했다. '아. 이. 는. 기분이 좋아!'

명상하는 사람들과 함께한 보물섬에서 내가 찾은 보물은 책 읽는 재미와 명상하는 방법이다. 사람과의 관계를 통해 배우고 발전하며 위로받았다. 한 사람이 읽을 수 있는 책의 양과 가질 수 있는 관심은 한계가 있다. 하지만 여러 사람이 모여 좋은 것들을 공유하면 얻을 수 있는 것은 배가 된다. 보물섬은 서로를 응원하고 좋은 것을 나누는 곳이었다. 보물섬 독서 모임 하는 날이면 다른 사람을 위해 무엇을 나눠줄지 고민하는 내가 있다. 진창 같던 시간이 파종의 시간이었음을 깨달으며 나는 다시 숨 쉬는 법을 배웠다.

4. 미스터 끈기 씨와 내 안의 끈기 키우기

> **미술관에서 발견한 사유**
>
> 잘할 생각 대신 꾸준히 할 수 있는 일을 찾아야 한다. 완벽을 기대하면 시작을 미루게 된다. 완벽을 내려놓고 그냥 시작해야 한다. 할 수 있는 일을 꾸준히 하는 것이 중요하다.

휴대전화 화면 속 미스터 끈기 씨와 눈이 마주쳤다. 모자를 쓴 그의 표정에서 묘한 힘이 느껴졌다. 번아웃증후군으로 지친 내 영혼이 그에게 반응했다. 두 손에 주먹을 쥐고 강하게 위아래로 흔들자, 가슴속에서 무언가 꿈틀거렸다. 완벽하게 하지 못할 바에는 시작조차 하지 않았던 나에게 미스터 끈기 씨는 속삭였다. "잘하려 하지 마. 그냥 해!"

나는 항상 완벽하게 일하려 했다. 일을 잘 처리하는 것이 나의 존재 가치라고 믿었기 때문이다. 하지만 이것이 문제였다. 모든 에너지를 쏟아

부어 일하고 나면 집에서는 완전히 녹초가 되었다. 에너지가 바닥나면 자책과 좌절이 따라왔다.

사람들은 나를 보고 "에너자이저야?"고 물었다. 하지만 그 에너지는 모두 가짜였다. 집에 돌아오면 완전히 탈진 상태였다. 야근에 야근을 거듭했지만 일은 줄지 않았다. 초과근무 수당은 대부분 약값으로 사라졌다.

변화의 시작은 자이언트 북 컨설팅이었다. 이은대 작가의 글쓰기 강의가 내 삶을 바꾸기 시작했다. 평생회원이라는 말에 망설임 없이 수강료를 결제했다.

퇴근하고 집에 오면 오후 9시에서 10시 사이였다. 오후 9시에 시작하는 수업을 이동하면서 듣거나 중간부터 들었다. 회사에서 진을 빼고 오니 노트북 켤 힘도 없었다. 누워서 휴대전화로 사이버 수업을 들었다. 글쓰기 비법보다 더 인상적인 것은 마지막 미니특강이었다. 정신력 강화를 위한 조언들이 회사에서 소진된 내 에너지를 서서히 채워주었다.

글을 쓰고 싶다면서도 시간이 없다는 핑계로 계속 미뤘다. 시간은 불안하게 흘러가는데 시작은 하지 못했다. 매주 수요일 밤 수업을 들으며 깨달았다. 내가 변하지 않으면 아무것도 바뀌지 않는다는 사실을.

블로그에 하루 명상한 일상을 기록해 보기로 했다. 처음은 블로그 기록을 잘하다 시간이 지나면서 자꾸 미루게 됐다. 작심삼일 하는 기간을 늘리면 될 것 같았다. 블로그 기록을 5일 정도 하다 하루 이틀 건너뛰고 다시 시작하는 것과 꾸준히 3개월을 하는 것은 마음가짐부터 달랐다. 작심삼일에 익숙해지면 안 된다. 꾸준히 할 방법을 찾아야 한다.

수레아 작가를 검색하다 발견한 작품 〈미스터 끈기 씨〉. 30호 부조로 만들어진 모자 쓴 인물의 초상화였다. '끈기'라는 단어가 내 가슴을 쳤다. 지금 내게 가장 필요한 것이 바로 끈기였다! 미스터 끈기 씨가 곁에 있다면 끈기가 생길 것 같았다. 휴대전화에 저장한 그림을 보며 끈기 씨와 눈을 맞췄다. 두 손에 주먹을 쥐고 강하게 위아래로 흔들면 힘이 솟아났다. 〈생각은 파동이다!〉의 달항아리와 황금 부엉이가 있는 그림에 미스터 끈기 씨를 초대했다. 3센티미터 정도의 작은 끈기 씨지만 그와 함께 있으니, 힘이 났다. 우울할 때 끈기 씨를 보면 '할 수 있어!'라는 생각이 절로 나왔다. 매일 끈기 씨와 함께하게 됐다.

병가 기간은 내 삶의 가치를 돌아보는 시간이었다. 과거에 대한 후회와 미래에 대한 불안으로 힘들었다. 행복은 미래에 있다고 생각했다. 번아웃증후군은 더 이상 과거와 미래를 생각할 시간이 없게 했다. 하루하루 살아내는 것 자체가 숙제였다.

자이언트 공저 10기 프로젝트를 신청했다. 열 명의 작가가 1가지 제목을 가지고 4가지 주제로 각각 A4 1.5매 분량으로 글을 써야 한다. 책 제목인『그 한마디가 나를 살렸다』는 번아웃증후군으로 허덕이는 내게 너무나 찰떡이었다. 내가 용기 낼 수 있게 했던 한마디 말들을 찾았다. '말하는 대로 된다.', '할 수 있다고 믿으면 뭐든 할 수 있다.', '내가 틀릴 수도 있습니다.', '눈부신 오늘을 살아가세요.'

책의 주제를 받고 책이 출간된 두 달의 시간은 많은 것을 가르쳐줬다. 처음엔 잘 쓰고 싶은 마음에 고민만 하다 3일이 지났다. 마감이 다가오자 '잘하기'보다는 '해내기'에 집중했다. 다른 작가들에게 피해를 주면 안 된다는 생각이 나를 움직였다. 집중하고 고민하니 잊고 있던 기억들이 떠올랐다. 나를 일으켜 세운 소중한 말들이었다. 잘하려는 생각을 버리고 꾸준히 고민한 결과, 두 달 만에 책이 내 손에 들어왔다.

오늘도 나는 미스터 끈기 씨와 눈을 마주친다. 그는 이제 내 삶의 일부다. 완벽하지 못할까 봐 시작하지 못했던 일들이 이제는 자연스럽게 내 일상이 되었다. 하루 한 페이지 책 읽기가 10분 독서 습관으로 자라났고, 블로그 기록이 삶의 루틴이 되었다.

번아웃증후군의 깊은 터널을 지나며 나는 깨달았다. 잘할 생각 대신 꾸준히 할 수 있는 일을 찾아야 한다. 완벽을 기대하면 시작을 미루게 된다. 완벽을 내려놓고 그냥 시작해야 한다. 모든 일을 잘하려 애쓰는 것보다 할 수 있는 일을 꾸준히 하는 것이 중요하다. 진정한 끈기는 불완전해도 계속 한 걸음씩 나아가는 용기다. 미스터 끈기 씨가 내게 건넨 가장 소중한 선물이었다.

5. 귀인이 보낸 그림, 일상을 바꾼 작은 전시회

> ─ 미술관에서 발견한 사유 ─
> 그림 속에는 다양한 삶이 담겨 있다. 아침에 받은 그림 메시지는 만원 버스의 불쾌함을 날려버리고 웃음을 데려왔다.

출근길 휴대전화에 도착한 메시지. 화면을 열자, 고흐의 아를 과수원이 눈앞에 펼쳐졌다. 구불구불한 붓 터치로 표현된 남색과 보라색 나무들과 멀리 보이는 마을 전경. 번아웃증후군으로 지친 영혼에 갑자기 봄바람이 불어왔다. 만원 버스의 불쾌함은 어느새 사라지고 마음은 프랑스 아를 들판을 거닐고 있었다. 이 모든 것은 내 삶에 나타난 귀인 덕분이었다. 영웅 곁에는 항상 귀인이 있다지만 내게도 그런 사람이 나타날 줄은 몰랐다.

코로나19 재택 치료 업무를 하다 8개월 만에 근무지 지정이 해제됐다. 사무실로 복귀하니 2층 사무실 여섯 명 팀원 중 다섯 명과 과장이 바뀌어 있었다. 바로 병가를 써야 하는데 모르는 사람들이라 어색했다.

직원들과 인사를 나누고 과장에게 인사를 갔다. 내 상황을 들었는지 "건강이 가장 중요하니 다른 일보다 건강을 더 챙기세요. 다른 부담은 갖지 마시고요."라고 말했다. 항상 일을 시키려는 사람만 만나다 건강부터 챙기라는 말을 들으니, 코끝이 찡해지고 눈물이 핑 돌았다. 자리를 비운 8개월 동안 다른 직원들이 업무를 나눠 해야 했다. 나의 복귀를 기다렸을 텐데 복귀해서 바로 병가를 쓴다고 하기 미안했다.

탄력 잃은 몸은 정신까지 약하게 만들었다. 자꾸 몸이 바닥으로 꺼지는 것 같았다. 다리에 힘을 주고 서 있는 것도 힘들었다. 생존의 문제였다. 동료들은 병가를 잘 다녀오라고 했다. 두 달이면 회복하기 충분할 것 같아 두 달 병가를 신청했다. 병원 진단서는 3개월이지만 나는 강하니까 금방 회복될 줄 알았다.

병가 기간은 금방 지나갔다. 복귀한 사무실에는 웃음이 넘쳤다. 과장과 팀장, 직원들 모두 나를 배려하고 도와주려 했다. 그들의 웃음 덕분에 굳었던 입꼬리가 어색하게나마 올라가기 시작했다. 과장과 동료들과 모여 병가를 어떻게 보냈는지 이야기할 기회가 있었다. 그림이 좋아서 병가 기간 갤러리에 그림을 보러 다녔다고 했다.

이야기 시간이 늘어갈수록 과장도 그림을 좋아한다는 것을 알게 됐다. 덕분에 좋아하는 작가 오프닝이 있는 날 편안한 마음으로 조퇴할 수 있었다. 맡은 일은 알아서 챙기니 모두 믿고 맡겨줬다. 배려해 준 만큼 더 잘하려고 일도 열심히 챙겼다. 시간이 생기면 갤러리도 가고 휴가도 다녀올 수 있었다.

과장은 집에 여러 점의 그림이 있고 주기적으로 그림 메시지를 받고 있었다. 나의 갤러리 관람에 공감해 줬다. 과장이 사무실에서 근무하는 동안 받은 그림 메시지를 전달해 주기로 했다. 내 삶에도 귀인이 온 것이다.

이 작은 약속이 내 아침을 바꾸기 시작했다. 과장이 보내주는 그림 메시지에는 열 점 내외 그림과 간단한 설명이 담겨 있었다. 이 작품들로 나만의 작은 전시회가 문을 연다. 때론 익숙한 작가의 작품, 때론 처음 보는 생소한 화풍. 알고 있는 그림이 메시지로 도착하면 마치 친구를 만난 것처럼 반가웠고 새로운 작가의 그림은 세상을 넓혀줬다.

과장은 보내준 그림을 잘 모으라고 했다. 그림이 쌓이면 뭐라도 된다고 했다. 처음에는 네이버 비밀 카페에 그림을 모으다 이게 아니다 싶었다. 그래서 블로그에 '귀인이 보낸 그림'이라는 비밀 폴더를 만들어 그림을 모으고 있다. 2025년 3월, 모은 그림이 벌써 400점이 넘었다.

하루는 카카오톡 메시지로 고흐 그림이 왔다. 고흐가 파리에서 아를로 이사한 1888년 무렵 그린 과수원 풍경들이었다. 화가 고흐라면 〈해바라기〉와 〈별이 빛나는 밤에〉만 생각했는데 지나쳤던 풍경화라 새로웠다. 고흐는 살아생전 그림을 팔지 못했고 동생 테오의 도움으로 생활했다. 작품을 팔고 싶은 기대로 자연 풍경 시리즈를 그렸다고 한다.

풍경화에는 고흐 그림 특유의 구불구불 흘러가는 듯한 느낌이 생생히 담겨 있었다. 아를 풍경과 꽃 핀 과수원, 올리브 과수원 그림에서 아를의 평화로움이 느껴졌다. 잘 알지 못했던 그림을 볼 수 있어 흥미로웠다. 받은 그림을 휴대전화에 저장한 후 손가락 두 개로 요리조리 확대해서 봤다. 그림 속 남색과 보라색 중간쯤 색을 가진 나무가 오묘해서 시선을 뗄 수 없었다. 주위에서 많이 보던 나무가 아니라 더 이질적으로 보였다. 먼 발치에서 바라보는 과수원과 마을 전경은 가슴을 뻥 뚫리게 했다.

그림을 받고 감상한 후 과장에게 감사 인사와 함께 답신을 보냈다. '고흐가 살았던 때 이 그림을 봤다면 어떻게 생각했을까요? 과장님은 이 그림 어떠세요? 1988년에 이 그림을 봤다면 지금처럼 좋아했을까요?' 그리고 곰곰이 생각했다. 과거 고흐가 유명해지기 전 이 그림을 봤다면 지금처럼 그림의 아름다움을 예찬하고 좋아했을까?

조금 이색적이고 신비하다는 느낌은 받았을 것 같다. 빨리 아를에 가서 그곳 과수원을 보고 싶은 생각이 들었다. 하루 동안 아를 과수원 덕분에 마음의 여유를 가질 수 있었다.

오늘 아침, 도착한 그림으로 나의 작은 전시회가 열린다. 번아웃증후군으로 지친 영혼에 예술이 기져다준 이 선물은 딘순한 이미지 이상의 의미가 있다. 귀인이 보낸 그림에는 유명 작가의 그림과 내가 알던 작가와 비슷한 화풍의 그림도 있었다. 새로운 작가를 알게 되기도 했다. 그림 속에는 다양한 삶이 담겨 있다. 많은 그림이 소리 없이 마음을 움직였다. 그림과 함께 시작하는 아침이 빛났다.

6. 일상의 기록, 내게 보내는 위로의 메시지

> **미술관에서 발견한 사유**
>
> 길바닥에 떨어진 모래 한 알은 먼지지만 바닷가에 쌓인 모래는 백사장을 만든다. 매일 하나씩 꾸준히 모으면 시간이 지나 큰 힘을 발휘한다. 일상의 기록은 자신을 객관적으로 보여주는 거울이다. 그 속에서 발견한 자신의 진정한 모습이 가장 강력한 위로가 된다.

길바닥에 떨어진 모래 한 알은 먼지지만 바닷가에 쌓인 모래는 백사장을 만든다. 매일 하나씩 꾸준히 모으면 시간이 지나 큰 힘을 발휘한다. 일상의 기록은 자신을 객관적으로 보여주는 거울이다. 그 속에서 발견한 자신의 진정한 모습이 가장 강력한 위로가 된다.

블로그 화면을 열었다. 900여 개 명상 인증 글이 나를 맞이했다. 번아웃증후군으로 지친 어느 날 저녁, 회사 일에 기운이 빠져 집으로 돌아온 나는 아무 생각 없이 블로그에 접속했다. 그곳에서 가장 강력한 위로를 발견했다. 내가 쌓아온 하루하루 기록들이 내게 말을 걸어왔다.

"너, 잘 살아내고 있구나." 눈시울이 뜨거워졌다. 그 누구의 위로보다 따뜻했다.

커피 사탕만 먹어도 밤잠을 설쳤다. 좋아하는 밀크티를 마시는 것도 큰마음을 먹어야 했다. 코로나19 재택 치료 업무가 원망스러웠다. 우울은 감기처럼 현대인과 평생 함께할 존재라고 한다. 우울감이 심해지면 전문가와 약의 도움을 받아야 한다는 것도 잘 안다. 그런데 내가 우울증 약을 먹게 되자 받아들일 수 없었다. 감정을 스스로 통제하지 못한다는 사실에 울적해졌다.

약발이 잘 들어서 일반 성인보다 적은 용량으로 시작했다. 청소년 수준이라고 했다. 10개월 정도 약을 먹으니 널뛰던 마음이 조금씩 안정을 찾았다. 잠도 잘 잤다. 컨디션이 회복되자 약을 끊고 싶었다. 정해진 시간에 약을 챙겨 먹기가 곤혹스러웠다. 약을 삼키지 못해 입 안에서 녹기도 했다. 혓바닥에 남은 쓴맛이 오래갔다.

2022년 10월, 약을 끊고 다시 병원에 갔다. "졸업을 축하합니다." 의사 말에 안심이 됐다. 더 이상 약을 먹지 않아도 된다. 우울함이 다시 찾아오면 어떻게 대처해야 할지 불안했다. 매일 하는 독서와 명상을 기록해 보기로 했다. 명상하고 보물섬 카페에 인증 글을 올렸다. 명상을 인증하면 성공적으로 하루를 보낸 것 같아 마음이 놓였다.

위안이 된 것은 보물섬 식구들의 응원 메시지였다. '응원합니다.'와 같은 간단한 말에도 힘이 났다. 아무 생각 없이 루틴을 하기도 하지만 미루고 싶거나 건너뛰고 싶은 욕망이 널뛰는 날도 있다. 아직은 나를 이기고 있다.

매일 하는 인증을 더 효과적으로 할 방법을 고민하다 일력을 발견했다. 2023년 검은 토끼해를 맞아 토끼와 소녀를 주로 그리는 김한나 작가 일력을 알게 됐다. 작가에게 토끼는 친구이자 내면을 지탱하는 근원이며 분신이다. 한나와 토끼의 일상을 담은 〈먼지 기록자의 기록법〉이라는 드로잉이 인상적이었다. 작은 일상도 기록하고 보관하면 큰 인생이 된다는 생각이 나와 잘 맞았다.

일상을 기록하는 방법은 간단했다. 독서를 한 후 명상 가이드를 들으며 명상한다. 2023년은 누워서 명상하는 날이 많았다. 목표가 명상하는 것이라 자세는 중요하지 않았다. 2024년은 매일 앉아서 명상하기로 목표를 바꿨다. 누워있고 싶은 날이 많았지만, 나와의 약속을 지키려 몸을 일으켜 가부좌하고 명상했다.

매일 일력 날짜에 명상을 마치는 시간을 기록한다. 일력 그림이 변하니 넘기는 재미가 쏠쏠했다. 명상 시간이 쌓이자, 성취감도 생겼다. 일력의 장점은 세 가지였다. 첫째, 매일 새로운 그림을 감상할 수 있어 일상에 예술이 함께했다. 둘째, 하루에 한 장씩 떼어내는 방식으로 시간의 흐름을 직관적으로 파악할 수 있었다. 셋째, 다양한 그림을 감상하며 예술적 감각을 키우고 나를 돌아볼 수 있었다.

2023년 1월 24일 일력에는 단발머리 소녀가 눈을 감고 서 있었다. 소녀 앞에 토끼가 양팔을 올려 소녀를 안고 있다. 토끼의 얼굴과 손, 소녀의 얼굴은 볼그스름하다. 토끼의 두 눈은 소녀 얼굴을 올려다본다. 토끼 얼굴이 소녀 목에 닿았다. 소녀를 위로하는 토끼 모습이었다.

전날 늦게 자서 늦잠을 잤다. 명상 가이드를 들어야 하는데 자꾸 웃음을 유발하는 유튜브 영상을 봤다. 사람이 꽉 찬 버스를 탄 출근길이 힘들었다. 버스에서 사람이 조금 내리자, 자리가 나서 류시화 작가의 『좋은지 나쁜지 누가 아는가』를 읽으며 갈 수 있었다. 소녀를 안고 위로했던 토끼처럼 책이 나를 안고 토닥였다. 소녀를 위로하는 토끼 모습은 토끼가 나를 안고 위로하는 것 같아 마음이 안정됐다.

오늘도 나는 일력을 넘기고 명상 시간을 기록한다. 이 작은 의식이 내게는 가장 강력한 자기 돌봄 방법이 되었다. 번아웃증후군의 깊은 터널을 지나며 나는 가장 강력한 위로가 타인에게서 오는 것이 아니라 내 안에서 찾아진다는 것을 배웠다. 900개의 기록이 내게 건넨 그 위로는 어떤 말보다 강력했다. 내가 다시 살아낼 힘은 결국 내 삶 속에 있었다.

7. 이겨낼 힘, 작은 위로에서 시작된 기적

> **미술관에서 발견한 사유**
>
> 결국 내게 이겨낼 힘을 준 것은 위로였다. 위로는 나를 다시 일어서게 했고 내일을 살아갈 이유가 되어주었다. 예술은 우리에게 위로를 주는 것을 넘어 우리 안에 이미 존재하는 힘을 일깨운다. 그림 속에서 우리는 자신을 찾고 그 발견을 통해 다시 일어설 용기를 얻는다.

다시 위기가 찾아왔다. 화장지에 물이 스며들듯 처음에는 아무런 신호도 없었다. 하지만 시간이 흐르면서 그 무게가 서서히 드러났다. 번아웃 증후군의 그림자가 다시 내 삶을 덮치기 시작했을 때 내 눈앞에는 수레아 작가의 〈생각은 파동이다!〉 그림이 있었다. 금빛 달항아리와 황금 부엉이가 내게 속삭였다. "너는 이미 이겨낼 힘을 가지고 있어." 그 순간 깨달았다. 내가 필요로 했던 것은 거창한 해결책이 아니라 작은 위로였다는 것을.

2024년 하반기가 시작되며 일이 많아졌다. 어깨에 짊어진 업무가 하나둘 더해졌다. 어느새 한 발짝도 움직이기 어려워졌다. 억지로 무게를 버티고 일어나려 하면 온몸이 삐걱거리며 항의했다. 허벅지 근육은 팽창하며 꿈틀거렸고 피곤함은 몸 구석구석에 스며들어 아우성쳤다. 업무가 하나 더 추가될 때마다 내가 버틸 수 있을까 하는 두려움이 엄습했다.

	매일 아침 헐레벌떡 통근버스를 타러 달렸다. 머릿속은 어제의 고민으로 여전히 무겁고 두통은 점점 심해졌다. '머리에 문제가 생긴 건 아닐까?'하는 걱정이 들었다. 그런데도 정작 내가 가장 필요했던 것은 검사가 아니라 멈춰 쉴 수 있는 작은 위로였다. 오늘은 반드시 말해야겠다고 결심했다. '내가 이 일을 더는 감당할 수 없는 이유를. 이 일이 왜 내 몫이 아닌지를.' 하지만 현실은 늘 다르다. 말을 꺼내기도 전에 또 다른 업무가 밀려왔고 나는 다시 입을 닫았다.

	기다리고 기다리던 전시마저 놓쳐버렸다. 내 몸은 움직일 기력을 잃었고 마음은 이미 지쳐 있었다. 우울감이 점점 짙어졌다. 그나마 위로가 된 집에 걸린 그림들만으로는 충분하지 않았다. 내 안의 불안과 절망은 벽처럼 단단히 서 있었고 나는 그 벽을 깨부수기 위해 무언가 강렬한 돌파구가 필요했다. 침대에 누워 나 자신을 다독이며 속으로 되뇌었다. '나는

위기를 잘 극복할 수 있는 사람이다.'

처음에는 이 말이 얼마나 허무하게 들리던지. 하지만 그 말을 반복하다 보니 희미하게나마 마음 한구석에서 금빛 희망이 움트는 듯한 느낌이 들었다. 나는 다시 일어설 수 있다. 작은 위로는 그렇게 시작되었다.

불과 3년 전만 해도 나는 주어진 일상을 충실히 살아가는 것이 얼마나 소중한지 몰랐다. 그저 다른 사람들의 삶을 부러워하고 비교하느라 바빴다. SNS에 올라온 화려한 사진과 행복한 순간들이 그들 삶 전부인 줄 알았다. 그들의 삶이 빛나 보일수록 내 삶은 초라하게 느껴졌다. 하지만 번아웃증후군이라는 거대한 장벽에 부딪히고 나서야 비교가 얼마나 무의미한 일인지 알게 되었다.

행복은 다른 사람들의 삶 속에 있지 않았다. 내가 매일 밟고 있는 이 땅 위 평범한 일상에 숨어 있었다. 내가 해야 할 일은 다른 사람 삶을 쫓는 것이 아니라 과거의 나와 비교하며 한 발짝씩 나아가는 것이었다. 하루를 충실히 살아가며 일상 속 작은 행복을 발견하는 것이 진정한 성공인 것을 깨달았다.

코로나19 재택 치료 업무가 몰려오고 그로 인해 번아웃증후군이 찾아오기 전까지는 이런 사실을 알지 못했다. 동화 『파랑새』 속 아이들이 행복을 찾아 멀리 떠났지만 결국 집에서 행복을 발견했듯 나의 행복도 멀리 있지 않았다. 행복은 평범한 일상에 이미 존재하고 있었다. 하지만 그것을 깨닫기까지는 너무 오랜 시간이 걸렸다.

아침에 눈을 뜨면 가장 먼저 보이는 것은 수레아 작가의 그림 〈생각은 파동이다!〉다. 그림 속에는 금빛 달항아리, 황금부엉이, 송과체를 닮은 솔방울, 끈기 씨, 주렁주렁 달린 복숭아 그리고 꽃이 있다. 이 그림을 마주하며 나는 나만의 작은 의식을 시작한다. '나는 바르고 안정된 생각, 말, 행동을 한다. 나는 평온을 얻는다.' 그리고 이어서 또 한 번 속삭이듯 말한다. '나는 풍요롭다. 나는 행복하다. 까짓것 못할 게 뭐야! 나는 참 운이 좋은 사람이다. 모든 것들은 잘 진행되고 있다.'

명상으로 이어지는 아침 루틴은 나에게 새 힘을 불어넣는다. 달항아리 속에 앉아 명상하며 금빛 에너지가 내 몸과 마음을 감싸는 것을 상상한다. 웃음 명상을 통해 스스로 북돋우고 긍정적인 확언으로 내 하루를 채운다. 명상이 끝난 뒤 웃는 사진을 찍고 기록하면서 나는 내가 조금씩 달라지고 있음을 느낀다. 그렇게 준비된 하루는 번아웃증후군이라는 거대한 장벽에 균열을 내는 강력한 도구가 되었다.

번아웃증후군을 경험하며 나는 가장 강력한 치유가 거창한 해결책이 아닌 작은 위로에서 시작된다는 것을 배웠다. 매일 아침 그림을 보며 나누는 짧은 대화, 명상 속에서 만나는 내면의 평화, 그리고 스스로 건네는 따뜻한 확언. 이 모든 것들이 모여 내 삶의 무너진 벽을 다시 세워주었다.

과일이 강한 햇빛을 견뎌야 더 달콤해지듯 삶의 어려움 속에서도 나는 하루하루 충실히 살아가며 과거보다 조금 더 단단해진 내가 되어 가고 있다. 그리고 이 모든 여정의 시작점에는 한 점의 그림이 건넨 작은 위로가 있었다.

결국 내게 이겨낼 힘을 준 것은 위로였다. 위로는 나를 다시 일어서게 했고 내일을 살아갈 이유가 되어주었다. 예술은 우리에게 위로를 주는 것을 넘어 우리 안에 이미 존재하는 힘을 일깨운다. 그림 속에서 우리는 자신을 찾고 그 발견을 통해 다시 일어설 용기를 얻는다.

마
치
는
글

아픔에서 희망으로, 멈춤에서 시작으로

처음 이 이야기를 쓰기 시작한 것은 2022년 3월이었다. 금방 완성할 줄 알았지만, 과거 기억을 끌어오는 일이 마음도 몸도 힘들게 했다. 써야 한다는 마음과 달리 글이 써지지 않았다. 아픈 기억을 꺼내길 거부했기 때문이다. 시간이 흘러 2024년 4월, 글을 다시 쓸 용기가 생겼다. 세 권의 공저를 쓰면서 과거 경험에서 긍정적인 메시지를 찾게 된 덕분이었다.

글 쓰는 과정에서 나의 변화

➡ **초고를 쓰는 과정은 벅찼다.**

과거의 기억을 불러오는 것 자체가 에너지를 소진했다. 면역력이 떨어져 감기에 걸리고 다래끼와 헤르페스 바이러스까지 찾아왔다. 몸을 끌어가며 초고를 완성했다. 초고를 완성한 후 번아웃증후군에 걸려 자르지 못했던 머리카락도 자를 수 있었다. 몸에 생기가 돌아오는 것을 느꼈다.

➡ **초고 퇴고를 하면서 과거에 메시지를 부여할 수 있었다.**

과거 여러 순간이 내게 깨달음을 주었음을 알게 되었다. 미래가 아닌 지금 여기에 집중하는 것, 내 몸의 모든 감각을 그 순간에 맡기는 것이 중요하다는 것을 깨달았다. 자연의 아름다움도 눈에 들어왔다. 향기로운 꽃향기, 열심히 날개를 움직이는 꿀벌, 하천에서 유유자적한 청둥오리까지 모두 새롭게 보였다. 생명력이 느껴지는 이슬 맺힌 풀잎조차도 내게 말을 걸고 있었다. "이 세상이 아름답다."

➡ **출판사 퇴고를 하면서 여러 순간을 다시 정의하고 메시지와 연결할 수 있었다.**

그 순간들에 감사함을 느꼈다. 세상의 행복은 지금, 이 순간에 있다는 사실을 다시금 깨달았다.

글을 쓰며 내가 전하고 싶은 메시지를 세 가지로 정리해 보았다.

첫째, 멈추는 것이 후퇴가 아니라 새로운 시작이 될 수 있다

나는 항상 앞으로 나가는 것이 발전이고 성공이라고 믿었다. 가만히 있는 순간이 오면 불안하고 초조했다. 〈정지의 시작〉이라는 그림을 만나며 비로소 멈춤을 선택할 수 있었다. 단순히 달리기만 하던 나는 불안함

속에서도 멈춤의 가치를 발견하게 되었다. 멈추는 선택은 마음의 평안을 가져다주었다. 그때야 비로소 '현재를 사는 것이 우선'이라는 깨달음에 도달할 수 있었다.

둘째, 내가 틀릴 수도 있다는 사실을 받아들일 수 있어야 한다

자신에게 엄격했던 만큼 나는 모든 것을 평가하고 옳고 그름을 따지며 살았다. 그러나 나의 믿음이 흔들리는 순간 존재 이유까지 의심하게 되었다. 그림을 통해 내 생각이 틀릴 수도 있음을 알았다. 이 사실을 받아들이면서 삶의 무게를 덜어낼 수 있었다.

셋째, 나는 선택하는 사람이다

지금의 나는 과거 내가 한 선택의 결과인 것을 알았다. 그렇기에 미래의 삶을 바꾸기 위해 지금 나는 더 나은 선택을 할 수 있다. 미래 행복은 오늘 내 선택에서 시작된다는 걸 알게 되었다.

글을 쓰며 과거를 돌아보니 나는 참 운이 좋은 사람이었다

삶의 어려운 순간마다 내게 귀인들이 찾아왔다. 허우적거리던 나를 넘어지지 않게 도와준 그들 덕분에 지금의 내가 있었다. 나도 이들처럼 누군가에게 손끝을 내밀어 도움을 줄 수 있는 사람이 되고 싶었다. 내 경험이 삶의 벼랑 끝에서 괴로워하는 누군가에게 작은 위로가 되기를 바란다.

나는 그림 덕분에 멈출 수 있었고 현재의 행복을 찾을 수 있었다

그림은 나를 현재로 데려와 일상에 의미를 부여했다. 그림은 단순히 미적 즐거움을 넘어 나 자신을 들여다볼 수 있는 거울이었다. 그림 속에서 나는 나를 찾았다. 번아웃증후군이라는 깊은 수렁에 빠져있던 나를 끌어올린 것은 다름 아닌 그림들 속에서 발견한 희망이었다.

이 책은 경주마처럼 달리던 내가 번아웃증후군에 걸렸고 그 위기의 순간을 그림으로 치유했던 이야기를 담고 있다

이 그림들이 모여 내 안에 작은 미술관이 생겼다. 그림은 내게 속사였다. "멈춰도 괜찮아. 지금, 이 순간, 너는 정말 아름다워." 나는 앞으로도 그림과 함께 현재를 살며 행복을 선택할 것이다.

앞으로의 길에서 나는 또다시 멈춰야 할 때가 올지도 모른다. 그때마다 나의 작은 미술관 문을 활짝 열고 들어가려고 한다. 그림 속에서 나를 다잡고 현재의 소중함을 되새길 것이다. 글을 통해 내가 경험한 깨달음이 다른 사람들에게 작은 위안이 되길 바란다. 삶은 멈춰도 계속된다. 그리고 그 속에서 우리가 발견할 수 있는 아름다움은 무궁무진하다.